江苏省高级人民法院公报

GAZETTE OF THE HIGHER PEOPLE'S COURT OF JIANGSU PROVINCE

江苏省高级人民法院　编

编辑委员会

主　任：夏道虎
副主任：郑立新
编辑委员会成员（以姓氏笔画为序）：

于　泓　马　荣　韦瑞瑾　叶　巍　史　笔
毕晓红　朱　嵘　刘　振　刘媛珍　汤小夫
汤茂仁　孙效增　孙晋琪　苏学增　李玉生
李玉柱　李亚林　张婷婷　周建明　段晓娟
俞灌南　蒋惠琴　褚红军　阚少敏

主　编：李玉生　马　荣
副主编：张志成　谢新竹　董蕾蕾

编辑部
主　任：张志成
副主任：戴鲁霖　宋大振
编　辑：缪　芳　卢燊绅　左一凡

法律出版社

图书在版编目（CIP）数据

江苏省高级人民法院公报. 2021 年. 第 3 辑 : 总第 75 辑 / 江苏省高级人民法院编. -- 北京 : 法律出版社, 2022
ISBN 978-7-5197-5984-1

Ⅰ. ①江… Ⅱ. ①江… Ⅲ. ①法院－文件－汇编－江苏－2021 Ⅳ. ①D926.229

中国版本图书馆 CIP 数据核字(2021)第 200457 号

江苏省高级人民法院公报
（2021 年第 3 辑：总第 75 辑）
JIANGSUSHENG GAOJI RENMIN FAYUAN GONGBAO
（2021 NIAN DI-3 JI：ZONG DI-75 JI）

江苏省高级人民法院 编

责任编辑 冯高琼
装帧设计 汪奇峰 贾丹丹

出版发行 法律出版社
编辑统筹 法规出版分社
责任校对 张红蕊
责任印制 耿润瑜
经　　销 新华书店

开本 A4
印张 4.75　**字数** 96 千
版本 2022 年 2 月第 1 版
印次 2022 年 2 月第 1 次印刷
印刷 三河市兴达印务有限公司

地址：北京市丰台区莲花池西里 7 号（100073）
网址：www.lawpress.com.cn
投稿邮箱：info@lawpress.com.cn
举报盗版邮箱：jbwq@lawpress.com.cn

销售电话：010-83938349
客服电话：010-83938350
咨询电话：010-63939796

版权所有·侵权必究

书号：ISBN 978-7-5197-5984-1　**定价**：15.00 元

凡购买本社图书，如有印装错误，我社负责退换。电话：010-83938349

江苏省高级人民法院公报

2021年第3辑(总第75辑)

司法文件

审判动态

参阅案例

任免决定

版权所有

江苏省高级人民法院
关于进一步加强涉外知识产权审判工作的纪要

（江苏省高级人民法院审判委员会会议纪要〔2020〕7号）

知识产权保护工作关系国家对外开放大局，关系国家安全。为深入贯彻落实党的十九届五中全会精神和习近平法治思想，充分发挥涉外知识产权审判职能作用，助力关键领域核心技术攻关，促进共建“一带一路”，服务更高水平对外开放，推动全球知识产权治理体制向着更加公平合理方向发展提供坚强司法服务与保障，结合全省法院知识产权审判工作实际，形成纪要如下：

1. 充分认识涉外知识产权审判工作的重要性。涉外知识产权审判工作作为知识产权保护工作的重要组成部分，对于激励创新创造、维护公平竞争、促进文化交流、扩大对外开放，对于立足新发展阶段、贯彻新发展理念、构建新发展格局、推动高质量发展，对于参与全球知识产权治理、营造市场化法治化国际化营商环境等具有重要意义。全省法院要提高政治站位，自觉把涉外知识产权审判工作置于大局中去思考、谋划和推进。

2. 坚持依法平等保护原则。坚持把依法平等保护中外当事人合法权益贯穿于涉外知识产权审判全过程，准确适用国际公约、国际惯例和国内立法，确保中外当事人诉讼地位和诉讼权利平等、法律适用和法律责任平等，推动国际投资、贸易、技术合作、文化交流健康发展。

3. 妥善审理涉外技术类知识产权案件。依法处理涉外技术转让、许可合同纠纷，正确认定合同效力和合同责任，支持商品、资金、技术、人员自由流通，大力推动经济全球化朝着更开放包容、平衡互惠方向发展。外商投资过程中技术合作的条件由投资各方议定，对违反法律规定的强制技术转让许可行为和有损国家安全的知识产权对外转让许可行为依法不予支持。制止滥用知识产权保护，侵占他人核心技术，妨害企业正常研发创新的行为。

4. 加强对传统文化知识产权的保护。推动苏绣、丝绸、云锦、剪纸、紫砂等成为传递中国文化的重要载体，引导传统文化创造性转化、创新性发展，促进国际文化交流与融合。

5. 精准判定平行进口、涉外贴牌加工、国际货物转运等贸易中的商标侵权案件。依法准确认定商标使用行为，制止以贴牌加工为名实施商标侵权行为。推动商标实际使用，严厉打击恶意抢注、仿冒搭车等行为，促进品牌培育创新和企业国际竞争力提升。加强地理标志保护，促进区域特色经济发展。

6. 妥善审理涉外创新人才流动知识产权案件。妥善处理涉及涉外创新人才的成果权属、职务发明奖励报酬、竞业限制、员工跳槽侵犯商业秘密等纠纷，依法保障研发人员权益与企业投资研发收益，推动创新人才依法有序流动，为高端人才在华工作营造良好的法治环境。

7. 依法规制涉外电子商务等互联网领域的竞争秩序。依法认定电商平台和其他网络服务商的法律责任，打击网络不正当竞争和垄断行为，规制网络竞争秩序，促进平台企业创新发展、增强国际竞争力，推动“丝路电商”等跨境电子商务健康发展。

8. 积极运用行为保全措施。充分发挥行为保全作用，依法及时制止国际展会、进出口贸易中侵害中外当事人知识产权商品的生产、展览、销售与进出口，有效防止权利人因侵权行为受到难以弥补的损害。

9. 妥善审理重大涉外知识产权案件。探索适用禁诉令制度，推进我国知识产权有关法律规定域外适用，提升司法在知识产权国际治理领域的话语权和影响力。

10. 依法确定涉外知识产权案件管辖权。在充分尊重中外市场主体协议选择司法管辖权利和遵循国际条约、国际惯例的基础上，科学合理确定案件的连结因素，依法积极行使司法管辖权。

11. 探索拓展知识产权司法领域国际合作与交流。进一步拓展国际司法交流合作渠道，深化同世界知识产权组织及其中国办事处、“一带一路”沿线国家和地区交流合作。通过争取筹办区域国际司法论坛等方式，共同研讨解决共建“一带一路”、知识产权全球治理等问题，增强推进知识产权保护国际合作的整体合力，共同打造稳定透明、公平公正国际法治环境。

12. 积极开展司法调研。不断研究新情况、新问题，及时关注并研究知识产权国际保护的重大典型案例，及时了解国际贸易与文化交流等领域知识产权司法保护的需求和前沿动态，提出前瞻性应对策略，提升审理重大疑难国际知识产权案件的能力。

13. 切实加强司法建议工作。针对涉外知识产权案件审理中发现的知识产权创造、管理、保护和运用中存在的问题，及时向有关单位、行业协会、企业、科研机构等发出司法建议，推动其提高知识产权涉外法律风险防范和应对能力。加强与公安、检察以及行政机关保护机制依法有机衔接，促进知识产权全链条保护。

14. 强化知识产权司法宣传。通过发布中英文版《江苏法院知识产权司法保护状况》及典型案例，及时公布知识产权司法保护最新资讯等方式，讲好知识产权保护中国故事，向世界传递加强知识产权司法保护的鲜明态度，不断提升知识产权审判的国际影响力。

15. 推进知识产权法官队伍革命化、正规化、专业化、职业化建设。探索建立具有国际视野的知识产权审判人才培养机制，创造机会、鼓励法官积极参与知识产权人才培养和交流的国际项目，提高法官应对处理国际事务的能力，努力造就一支政治坚定、顾全大局、精通法律、熟悉技术，具有国际视野的知识产权审判队伍。

江苏省高级人民法院　江苏省司法厅　江苏省民政厅 关于加强社会救助对象法律援助工作的通知

（苏司通〔2021〕7 号　2021 年 4 月 7 日）

各市中级人民法院、南京海事法院、徐州铁路运输法院、各基层人民法院，各设区市司法局、民政局：

为发展完善社会救助体系，加强民生领域法律援助服务，巩固拓展脱贫致富奔小康成果，切实兜住兜牢基本民生保障底线，根据省委办公厅、省政府办公厅《关于完善法律援助制度的实施意见》（苏办发〔2015〕70 号）、《关于改革完善社会救助制度的实施意见》（苏办发〔2020〕39 号）等有关要求，现就加强社会救助对象法律援助工作通知如下：

一、进一步提高思想认识。法律援助制度是社会救助制度体系的重要组成部分。保障社会救助对象特别是特困人员、低保对象、低收入家庭、支出型困难家庭等特殊困难人员及时获得法律援助服务，对于维护困难群众合法权益、保障社会公平正义、促进社会和谐稳定具有重要作用。近年来，按照国家和省有关部署要求，我省全面完善法律援助制度，较好地满足了困难群众多样化、多层次法律服务需求。但一些地区还不同程度存在法律援助知晓度不高、工作衔接不畅、援助申请不够便捷等问题。人民法院以及司法行政、民政等部门要充分认识加强社会救助对象法律援助工作的重要意义，以统筹救助资源、增强兜底功能、提升服务能力为重点，健全体制机制，强化改革创新，建立完善有关社会救助与法律援助衔接机制，积极构建综合救助格局，在新的起点上增进民生福祉，提升人民群众生活品质。

二、不断深化法律援助有效覆盖。适应巩固拓展脱贫致富奔小康成果、接续推进乡村全面振兴的要求，综合法律援助资源状况、法律援助需求等因素，完善法律援助经济困难标准动态调整机制，实现困难群体覆盖率的整体提升。将法律援助范围拓展至民政部门认定的低收入家庭、支出型困难家庭。对特困人员、低保对象、低收入家庭、支出型困难家庭、无固定收入重度残疾人、依靠抚恤金生活的人员、困境儿童、社会福利机构中政府供养人员、领取总工会发放的特困证的职工的法律援助申请，不区分诉讼地位、案由、审级及审判程序，一律免除经济困难状况审查和事项范围限制。积极扩大法律援助事项范围，进一步推动将涉及农村土地权益、劳动权益、养殖种植、环境污染、事故赔偿以及集体经济组织成员权益等与民生密切相关的事项纳入法律援助范围。

三、强化法律援助申请告知指引。人民法院将法律援助指引纳入当事人诉讼须知，在诉讼服务网站、立案大厅等醒目位置公示法律援助条件、程序等；对于前来起诉的当事人，如果没有委托诉讼代理人的，主动了解当事人是否属于特困人员、低保对象、低收入家庭、支出型困难家庭等社会救助对象，告知当事人依法申请法律援助的权利。司法行政机关依托公共法律服务中心、司法所、法律援助工作站、村居法律顾问、法律明白人、网格员、网格律师等，通过实地走访、定向联系、主动推送、对接指引、座谈交流等方式，定期开展横向到边、纵向到底的“拉网式”排查，准确掌握社会救助对象法律服务需求，及时引导符合条件的当事人申请法律援助。民政部门在审核确认社会救助对象时，要积极做好救助对象法律援助等相关救助权利的告知工作，并通过惠民政策联系卡、权利告知书、推送短信等多种渠道引导有需求的社会救助对象知晓、运用法律援助；鼓励支持社会组织和社会工作者，协助开展法律需求调查评估、入户探访等事务。

四、完善工作衔接机制。对于符合法律援助条件的社会救助对象，在征得本人同意后，人民法院可以向同级法律援助机构直接出具《建议给予法律援助函》；法律援助机构根据《建议给予法律援助函》和当事人的申请，简化受理审查程序，按照规定及时完成受理和指派工作。对于需要法律援助的困境儿童，应当指派熟悉未成年人身心特点的律师为其提供法律援助服务。完善民事行政诉讼法律援助与诉讼费用减免缓的衔接机制，已经获准法律援助的当事人申请司法救助的，人民法院对案件诉讼费可以依法予以缓交、减交或者免交。对于因案件执行陷入僵局以及其他无法通过诉讼获得有效赔偿，生活面临急迫困难的当事人，人民法院可以指导其依照相关规定申请国家司法救助金，法律援助机构积极予以配合。法律援助机构对于人民法院给予司法救助的当事人，且属于规定事项范围的，免于经济困难审查，直接做出给予法律援助的决定。注重对当事人进行人文关怀和心理疏导，符合基本生活救助以及医疗、教育、住房、就业等专项救助条件的，司法行政机关积极转介民政等相关部门协同救助，帮助落实后续帮扶措施。公证机构、司法鉴定机构对法律援助机构决定给予法律援助的当事人，依照有关规定减免相关服务费。人民法院、司法行政机关、民政部门建立信息共享机制，汇集共享司法救助、法律援助、相关社会救助信息，推动建立法律援助潜在对象动态数据库，快速、精准识别社会救助对象身份信息，提高法律援助审查效能。

五、健全便民服务机制。简化审查程序，对特困人员、低保对象、低收入家庭、支出型困难家庭、无固定收入重度残疾人、依靠抚恤金生活的人员、困境儿童、社会福利机构中政府供养人员、领取总工会发放的特困证的职工等特殊困难人员开辟法律援助“绿色通道”，努力做到当日受理、当日审查、当日指派；当事人行动不便的，可以采取电话预约、上门办理。加强法律援助异地协作，推动法律援助机构在转交申请、核实情况、调查取证、送达法律文书等环节的协作配合，方便社会救助对象异地维护自身合法权益。对正在享受医疗、住房、教育、就业等专项社会救助或急难社会救助的人员，适用法律援助告知承诺制，以申请人书面承诺代替经济困难证明；同时，建立完善事中事后核查制度，健全信用管理。加强驻人民法院法律援助工作站建设，根据法律咨询需求量和当地律师资源状况，合理安排律师值班；值班律师在接待当事人时，应当解释法律援助的条件和范围，对认为初步符合法律援助条件的当事人引导其申请法律援助。司法行政机关可以根据需要在民政部门设立法律援助联络点，在养老服务机构、社会福利机构、未成年人救助保护机构等地设立流动工作站，公示法律援助条件、申请程序、申请渠道、12348 公共法律服务热线等信息，为社会救助对象就近申请法律援助提供服务。

六、加强组织领导。各地要将加强社会救助对象法律援助工作作为重要任务，结合实际制定推进落实措施，不断提高民生兜底保障水平。建立健全联席会议、工作信息通报机制，定期交流工作情况，总结推广经验做法，共同研究解决工作中遇到的问题。灵活运用传统媒体和“两微一端”等新兴媒体，积极宣传帮助社会救助对象维护合法权益的典型案例和经验做法，多角度呈现为困难群众“雪中送炭”、维护公平正义的努力和成效。通过政府购买、公益创投等方式，鼓励和支持法律援助基金会等社会组织以自身资源参与法律援助工作。探索建立法律援助供需对接机制，精准开展扶弱济困志愿服务。

江苏省高级人民法院
侵害商标权民事纠纷案件审理指南（修订版）

（江苏省高级人民法院审判委员会会议纪要〔2021〕1 号）

《侵犯商标权纠纷案件审理指南》自2011 年发布以来，对统一我省侵害商标权纠纷案件的审理思路，进一步提高类案审判水平发挥了重要作用。随着经济社会的发展、科学技术的不断进步，以及新型商业模式的出现，涉及侵害商标权的新情况与新问题不断呈现。《中华人民共和国商标法》先后于 2013 年、2019 年修订，最高人民法院涉商标案件审理的司法解释相继发布，江苏省高级人民法院也于 2019 年经审委会讨论通过《关于实行最严格知识产权司法保护为高质量发展提供司法保障的指导意见》。为正确审理侵害商标权民事纠纷案件，进一步加强对商标权的保护，根据新的法律法规和司法解释，结合全省法院知识产权审判工作实际，修订本指南。

第一部分　侵害商标权民事纠纷案件审理思路概述

1.1　基本情况

侵害商标权民事纠纷案件一般包括两大类：一类是商标标识侵权案件，即未经许可，在同一种或者类似商品或服务上使用与注册商标相同或者近似的商标等案件；另一类是注册商标之间、注册商标与字号、商品名称、商品包装、装潢、域名、App 名称等其他商业标识之间的权利冲突案件。诉讼中，原告的诉讼主张一般包括请求被告停止侵权、赔偿损失等。被告抗辩的理由一般包括原告不享有商标权、被告的行为不构成侵权、被告不需要承担赔偿责任或者原告主张的赔偿数额缺乏依据等。

1.2 审理思路概述

第一步:审查商标权的有效性、原告的诉讼主体资格、确定原告商标权的保护范围。主要包括:商标权是否处于有效状态,原告是否有权就涉案商标主张权利以及商标式样、商标核定使用的商品或服务范围等具体内容。

第二步:审查被控侵权标识的使用是否构成商标意义上的使用。

第三步:审查被告是否侵害商标权。主要包括:被控侵权标识与注册商标是否相同或者近似、商品或服务是否相同或者类似、是否构成混淆误认。

第四步:审查被告的抗辩是否成立。诉讼中,除被告主张其使用的被控侵权标识与注册商标不相同不近似、商品或服务不相同不类似,不产生混淆误认的后果外,被告提出的具体抗辩还包括其使用商标标识属于描述性、指示性及地名使用;其系在先使用商标标识;销售的商品具有合法来源;诉讼时效抗辩等。

第五步:审查并确定民事责任的承担。在侵害商标权民事纠纷案件中,主要的责任承担方式是停止侵害和赔偿损失。法院在确定损害赔偿额时,应当采用精细化审理思维,详细分析确定赔偿额的各种因素,使损害赔偿的确定与商标权市场价值相适应,全面有效赔偿权利人的损失。对于具有故意侵权、重复侵权等严重侵权情节的,综合运用惩罚性赔偿、民事强制措施、失信黑名单等手段加大惩罚力度,显著提高侵权行为的违法成本,阻止侵权行为再发生。

1.3 援引的主要法律规定

《中华人民共和国民法典》《中华人民共和国商标法》《中华人民共和国商标法实施条例》《最高人民法院关于审理商标民事纠纷案件适用法律若干问题的解释》《最高人民法院关于审理涉及驰名商标保护的民事纠纷案件应用法律若干问题的解释》《最高人民法院关于审理涉及计算机网络域名民事纠纷案件适用法律若干问题的解释》《最高人民法院关于审理注册商标、企业名称与在先权利冲突的民事纠纷案件若干问题的规定》《最高人民法院关于审查知识产权纠纷行为保全案件适用法律若干问题的规定》《最高人民法院关于民事诉讼证据的若干规定》《最高人民法院关于知识产权民事诉讼证据的若干规定》《中华人民共和国民事诉讼法》《最高人民法院关于适用〈中华人民共和国民事诉讼法〉的解释》。

第二部分　商标权有效性、商标权保护范围审查

2.1 注册商标

指经商标行政主管机关依照法定程序核准注册的,能够区分不同商品生产者或服务提供者的标志。

根据不同标准,注册商标可作如下分类:商品商标、服务商标;文字商标(包括文字、字母和数字)、图形商标、图文组合

商标、三维标志商标、颜色组合商标、声音商标等；集体商标、证明商标；联合商标、防御商标等。

2.2　商标有效性审查

首先应当审查商标权的有效性，一般应当要求权利人提供商标注册证、续展证明、转让或许可合同等。

2.3　商标权的保护范围

2.3.1　商标权保护范围的具体内容

商标权保护范围的具体内容包括商标专用权和禁用权两部分。

1. 专用权

指商标权人只能在经商标行政主管机关核定的商品或服务上使用自己的注册商标样式，即商标专用权以核准注册的商标和核定使用的商品或服务为限。

2. 禁用权

指商标权人或者未注册驰名商标持有人有权禁止他人未经许可，在同一种或者类似商品或服务上使用与其注册商标或未注册驰名商标相同或者近似的商标，容易导致混淆的行为；有权禁止他人采用其他不正当手段损害其注册商标声誉等行为。

注册商标是驰名商标的，商标权人有权禁止他人在不相同或者不相类似的商品或服务上使用与其注册商标相同或者近似的商标，误导公众，致使该商标权人利益可能受到损害的行为。

禁用权的范围大于专用权。

2.3.2　商标权保护范围的确定

商标权保护范围的确定，要考虑市场实际，并与其显著性强度、知名度程度等相适应，依法保障商标权人在其权利范围内获得充分、有效保护。

2.3.3　确定商标权保护范围需特别注意的问题

核准注册的商标，不论是商品商标还是服务商标，应当受到同等法律保护，商标权的保护范围应当及于全国范围的相关领域。虽然有些服务类注册商标提供的服务项目具有一定地域性特点，其相关服务及影响力可能未及全国范围，但并不意味着该注册商标的保护范围仅能覆盖至商标权人提供的服务项目所在区域。

（详见案例一：北京巴黎春天公司诉王某侵害商标权及不正当竞争纠纷案［江苏省高级人民法院（2012）苏知民终字第0120号］）

2.4　商标的使用

指商标用于商品、商品包装或者容器以及商品交易文书上，或者将商标用于广告宣传、展览以及其他商业活动中，用于识别商品来源的行为。

2.4.1　商标使用的本质

商标使用的本质为区分商品或服务来源的使用。侵害商标权行为的本质即是对区分商品或服务来源功能的破坏，以致造成相关公众对商品或服务的来源产生误认或者认为其来源与注册商标的商品或服务存在某种特定的联系。如果被控侵权标识的使用并不是为了区分商品或服务的来源，则不会构成对他人商标权的侵害。

2.4.2　商标的实际使用

对于商标的实际使用，需要判断商标权人是否有真实的使用意图和实际使用行为。

1. 商标的使用，不仅包括商标权人自行使用，也包括许可他人使用以及其他不违背商标权人意志的使用；

2. 商标权人实际使用的商标与其核准注册的商标虽有细微差别，但未改变其显著特征的，视为对其注册商标的使用；

3. 没有实际使用注册商标，仅有转让或者许可行为；或者仅公布商标注册信息或者仅声明对其注册商标享有专用权的，即仅为维持注册商标的存在而进行的象征性使用，不认定为商标使用；

4. 商标权人有真实使用商标的意图，并且有实际使用的必要准备，但因其他客观事由尚未实际使用注册商标的，法院可以认定其有正当理由。

2.4.3　商品商标的使用

1. 将商标用于商品、商品包装或者容器以及商品交易文书上；

2. 将商标用于广告宣传、展览；

3. 使用在广播、电视、音像、电子媒体、网络等平面或者立体媒介上，或者在公开发行的出版物中发布，以及以广告牌、邮寄广告或者其他广告方式对商标进行广告宣传中标明其商标。

2.4.4　服务商标的使用

1. 在服务场所内外标明或使用其服务商标，包括服务场所招牌、店堂装饰装潢、服务人员的服装、鞋帽上或提供的餐食包装或容器上等。例如，提供裸露熟食的餐馆无法直接在商品上标识商标，故经营者一般是通过在装潢、包装或容器上标注字样、图案等标记的方式来标识食品的提供者和来源；

2. 在为提供服务所使用的物品上标明其服务商标；

3. 使用于和服务有联系的文件资料中，例如，在介绍手册、菜单、价目表、奖券、办公文具、信笺、名片、明信片、发票、财务账册、合同、维修维护证明等中标明其服务商标；

4. 使用在广播、电视、音像、电子媒体、网络等平面或者立体媒介上，或者在公开发行的出版物中发布，以及以广告牌、邮寄广告或者其他广告方式对商标或使用商标的服务进行广告宣传中标明其商标；

5. 在展览会、博览会上使用，包括在展览会、博览会上提供使用该商标的印刷品及其他资料。

第三部分　侵害商标权诉讼的提起

3.1　侵害商标权纠纷案件的诉讼主体

提起侵害商标权诉讼的主体一般包括商标注册人、商标使用许可合同的被许可人、商标权转让合同的受让人、因注册人死亡或企业合并、分立、破产、歇业等事由导致的商标财产性权利义务承继者。

3.1.1　独占使用许可合同的被许可人

商标权被侵害时，独占使用许可合同的被许可人可以单独向法院提起诉讼。

3.1.2　排他使用许可合同的被许可人

排他使用许可合同的被许可人可以和商标注册人共同起诉，也可以在商标注册人不起诉的情况下，自行提起诉讼。

商标注册人不起诉包括：

1. 商标注册人明示放弃起诉；

2. 被许可人有证据证明其已告知商标注册人或者商标注册人已知道有侵害商标权行为而仍不起诉的情形。

3.1.3　普通使用许可合同的被许可人

普通使用许可合同的被许可人经商标注册人明确授权，可以提起诉讼。

明确授权，包括在许可合同中明确授权和在合同之外另行出具授权书两种情况，不能仅以使用许可合同中没有明确授权即驳回被许可人的起诉。

如果使用许可合同对许可方式没有约定或者约定不明确，应视为普通使用许可。

3.1.4　商标权转让合同的受让人

商标权转让合同没有特别约定的，合同自双方当事人签字或者盖章之日起成立并生效。自商标行政主管机关核准公告之日起，受让人享有商标权。

被控侵权行为从转让前持续至转让后的，转让人与受让人都有权起诉，其中受让人有权主张商标转让后的侵权赔偿；转让人有权主张商标转让前的侵权赔偿。

转让合同对诉权有特别约定的，按照约定处理。

3.2　管辖

因侵害商标权行为提起的民事诉讼，由侵权行为的实施地、侵权商品的储藏地或者查封扣押地、被告住所地法院管辖。

侵权商品的储藏地，是指大量或者经常性储存、隐匿侵权商品所在地；查封扣押地，是指海关、工商等行政机关依法查封、扣押侵权商品所在地。

原告通过网络购物方式购买被控侵权商品，不以收货地作为侵权行为实施地来确定管辖法院，应按上述标准确定管辖法院。

对涉及不同侵权行为实施地的多个被告提起的共同诉讼，原告可以选择其中一个被告的侵权行为实施地法院管辖；仅对其中某一被告提起的诉讼，该被告侵权行为实施地的法院有管辖权。

（详见案例二：新百伦公司与马内尔公司、周某某等不正当竞争纠纷管辖异议案[最高人民法院（2016）最高法民辖终107号]）

3.3　诉讼时效

侵害商标权的诉讼时效为3年，自商标注册人或者利害权利人知道或者应当知道权利受到损害以及义务人之日起计算，但在2017年10月1日已经超出原有两年诉讼时效期间的除外。

商标注册人或者利害关系人超过3年起诉的，如果侵权行为在起诉时仍在持续，在该商标权有效期限内，法院应当判决被告停止侵权行为，侵权损害赔偿额应当自权利人向法院起诉之日起向前推算3年计算。

第四部分　侵害商标权的行为

4.1　侵害商标权的行为

根据《中华人民共和国商标法》第十三条、第五十七条，《中华人民共和国商标法实施条例》第七十五条、第七十六条，《最高人民法院关于审理商标民事纠纷案件适用法律若干问题的解释》第一条的规定，侵害商标权的行为一般包括：

1. 未经许可，在同一种商品上使用与其注册商标或未注册驰名商标相同的商标；

2. 未经许可，在同一种商品上使用与其注册商标或未注册驰名商标近似的商标，或者在类似商品上使用与其注册商标或未注册驰名商标相同或者近似的商标，容易导致混淆的；

3. 销售侵害商标权的商品；

4. 伪造、擅自制造他人注册商标标识或者销售伪造、擅自制造的注册商标标识；

5. 未经商标注册人同意，更换其注册商标并将该更换商标的商品又投入市场；

6. 故意为侵害他人商标权行为提供便利条件，即为侵权提供仓储、运输、邮寄、印制、隐匿、经营场所、网络商品交易平台等，帮助他人实施侵害商标权行为；

7. 在同一种商品或者类似商品上将与他人注册商标相同或者近似的标志作为商品名称或者商品装潢使用，误导公众的；

8. 将与他人注册商标相同或者相近似的文字作为企业字号在相同或者类似商品上突出使用，容易使相关公众产生误认的；

9. 将与他人注册商标相同或者相近似的文字注册为域名，并且通过该域名进行相关商品交易的电子商务，容易使相关公众产生误认的；

10. 复制、摹仿、翻译他人注册的驰名商标或其主要部分在不相同或者不相类似商品上作为商标使用，误导公众，致使该驰名商标注册人的利益可能受到损害的。

4.2　侵害商标权的判定

侵害商标权的判定主要涉及商品或服务相同、类似；商标相同、近似以及是否构成混淆误认的判断。

在侵害商标权纠纷案件中，要结合商标权保护范围具有弹性的特点，妥善利用商品或服务类似、商标近似、混淆可能性、不正当手段、主观过错等裁量性因素，考虑市场实际，使商标权的保护强度与其显著性、知名度相适应，尽可能保护商业标识的区别性，维护商标声誉，严厉打击不诚信的商标攀附、仿冒搭车及恶意抢注商标等行为，有效规范商标注册秩序，进一步净化市场竞争环境。

4.2.1　商品或服务相同

指主张权利的注册商标核定使用的商

品或服务与被控侵权标识使用的商品或服务为同一类别。

4.2.2　商品或服务类似

类似商品，是指在功能、用途、生产部门、销售渠道、消费对象等方面相同，或者相关公众一般认为其存在特定联系、容易造成混淆的商品。

类似服务，是指在服务的目的、内容、方式、对象等方面相同，或者相关公众一般认为存在特定联系、容易造成混淆的服务。

4.2.3　商品或服务类似的判断方法

1. 应当结合案件具体的情况，以发生纠纷时相关公众的一般认识水平，从功能、用途、销售渠道、消费对象以及服务的目的、内容、方式、对象等因素综合考虑消费者是否会混淆或认为诉争商品或服务之间有特定联系。

2. 应当考虑市场实际，充分考虑商标所使用商品的关联性，结合个案情况认定。关联商品系《类似商品和服务区分表》中被划定为非类似，但实际上仍具有较强的关联性，且相关商标共存容易导致混淆误认的商品。对于这些商品，只要容易使相关公众认为商品是同一主体提供的，或者其提供者之间存在特定联系，即构成类似商品。主张权利的商标已实际使用并具有一定知名度的，认定商品类似要充分考虑商品之间的关联性。

3. 参考《商标注册用商品和服务国际分类表》与《类似商品和服务区分表》的分类。

4.2.4　《商标注册用商品和服务国际分类表》与《类似商品和服务区分表》的作用

《商标注册用商品和服务国际分类表》于1957年6月15日在法国尼斯外交会议上正式签订，并于1961年4月8日生效的国际公约，全称为《商标注册用商品和服务国际分类尼斯协定》。一般每五年修订一次，一是增加新的商品，二是将已列入分类表的商品按照新的观点调整，以求商品更具有内在的统一性。尼斯协定的宗旨是建立一个共同的商标注册用商品和服务国际分类体系，并保证其实施，我国于1994年8月9日正式成为该协定的成员国。

《类似商品和服务区分表》是我国商标行政主管机关以《商标注册用商品和服务国际分类表》为基础，针对中国的国情实际对商品和服务的类似群组及商品和服务的名称进行了翻译、调整、增补和删减而制订的。《类似商品和服务区分表》亦随着国际分类表的修订而作相应的调整。需特别注意的是，《类似商品和服务区分表》的作用是在商标注册行政授权中划定商标专用权的范围，而侵害商标权纠纷中认定类似商品或服务在于确定商标禁用权的范围。商标和服务存在项目更新、市场交易情况不断变化的情形，因此，在侵害商标权判定中，《类似商品和服务区分表》只能作为判断商品或服务类似的参考，不能作为唯一的认定标准。首先，应当考虑《类似商品和服务区分表》的划分；其次，当事人提出与《类似商品和服务区分表》的划分不一致的主张时，应当结合当事人的抗辩及提供的证据，根据前述“商品或服务类似的判断方法”进行判断。

4.2.5　商品类似的判定

下列商品一般构成类似商品：

1. 具有相同功能、用途的商品；

例如，钢笔与签字笔及铅笔等以书写为使用价值的商品，即可认定为具有相同功能。

2. 商品之间的功能、用途具有辅助性或互补性，容易被人误认为相关联商品或系列商品；

例如，毛毯（床上用品）与电热毯（电器）显然分属不同商品分类，但同属于一般认识中的“床上用品”，属于类似商品。

3. 在使用时存在着搭配关系的商品；

例如，皮带与领带，牙膏与牙刷等。

4. 存在着原料与成品或零部件与成品等对应关系的商品。

5. 销售渠道、销售场所、销售对象相同或者相近的商品或者一般属于同一行业或者领域生产、销售的商品。

4.2.6　判断商品与服务类似的考虑因素

1. 商品与服务之间联系的密切程度；

2. 在用途、用户、通常效用、销售渠道及销售习惯等方面的一致性；

3. 在商品与服务中使用相同或者近似商标，是否足以造成相关公众的混淆、误认。

4.2.7　商标相同

指被控侵权的标识与原告的注册商标相比较，两者在视觉上基本无差别。

4.2.8　商标近似

指被控侵权的标识与原告的注册商标相比较，其文字的字形、读音、含义或者图形的构图及颜色，或者各要素组合后的整体结构相似，或者其立体形状、颜色组合等近似，容易使相关公众对商品或服务的来源产生误认或者认为其来源与原告注册商标的商品或服务有特定的联系。

4.2.9　商标相同或近似的判断原则

1. 以相关公众的一般注意力为标准；

2. 既要对商标进行整体比对，又要对商标主要部分进行比对，并应当在比对对象隔离的状态下分别进行；

3. 判断商标是否近似，应当考虑请求保护注册商标的显著性和知名度。

4.2.10　相关公众的一般注意力

相关公众，是指与商标所标识的某类商品或服务有关的消费者和与前述商品或服务的营销有密切关系的其他经营者。

相关公众的一般注意力，是指对相关商品或服务具有一般知识和经验的公众，按照通常的消费习惯对商品或服务进行判断。

需特别注意的是，商标所标示的商品性质、种类、价格等因素不同，相关公众的范围和注意程度也就不同。通常来说，日常生活用品应以一般消费者为相关公众，其在购买时可能凭第一眼直觉就购买。而价值高的商品，如汽车、房屋等，注意力标准要比购买日常生活用品时高许多。

4.2.11　商标相同或近似的判断方法

1. 比对时，应当以权利人注册商标的形态与被控侵权标识比对

权利人注册商标的实际使用形态与注册形态不一致的，在判断被控侵权标识与权利人的注册商标是否近似时，仍应以权利人商标的注册形态与被控侵权标识进行比对，而不能用权利人实际使用的注册商标形态与被控侵权标识进行比对。

2. 整体比对

指将商标作为一个整体来进行观察，而不仅将商标的各个构成要素单独抽出来分别进行比对。

当两个商标在各自具体的构成要素上存在区别，但只要将构成要素集合起来作为一个整体产生的整体视觉，有可能使消费者产生误认，就应当认定为近似商标。反之，如果两个商标的部分组成要素可能相同，但是它们作为一个整体并不会使消费者产生误认，就不能认定为近似商标。

3. 要部比对

指将商标中发挥识别作用的主要部分抽出来进行重点比较和对照，是对整体比对的补充。其中商标的要部是指最具显著性和识别性，容易使相关公众将其与使用该商标的商品或服务联系起来的商标构成要素。两个商标的构成要素整体上不近似，但主张权利的商标的知名度远高于被控侵权标识的，可以采取比较主要部分决定是否近似。

4. 隔离观察

指将商标与被控侵权标识放置于不同的地点在不同的时间进行观察比对。

4.2.12　商标近似的具体比对

1. 文字商标近似性的比对

根据文字商标的特征，具有呼叫功能的读音或文字的字形易给人听觉或视觉留下比较深刻的印象，故文字商标近似性的判断主要考虑文字的读音和字形，兼顾文字的含义。

2. 中文商标与外文商标近似性的比对

由于中文商标与外文商标在音、形上不相同也不近似，因此判断中文商标与外文商标是否近似，主要从含义上进行确定，需要考虑相关公众对外文商标的认知水平和能力、中文商标与外文商标含义上的关联性或者对应性、商标本身的知名度和显著性、商标的实际使用情况、所使用商品或服务的关联程度等因素。

3. 外文商标近似性的比对

判断外文商标之间是否构成近似，应考虑中国普通消费者的一般注意力、认知水平等因素。

（详见案例三：莱雅公司诉上海美莲妮公司、杭州欧莱雅公司侵害商标权纠纷案［江苏省高级人民法院（2009）苏民三终字第 0168 号］）

4. 图文组合商标近似性的比对

使用整体比对和要部比对相结合的方法，考虑商标的特征及通常的呼叫习惯等

因素进行比对。多数情形下，将组合商标中的文字字形及读音作为主要部分加以比对。

（详见案例四：中粮公司诉嘉裕公司、开心公司等侵害商标权纠纷案［最高人民法院（2005）民三终字第5号］）

5. 特殊情形下图文组合商标近似性的比对

当涉案商标与被控侵权标识均为图文组合商标，而该图文组合商标中的中文文字商标系案外人商标并已被认定为驰名商标或具有极高知名度时，涉案商标中的文字显著性和知名度即相对有限，涉案商标的图形部分具有较强的识别性。在此情形下的图文组合商标近似性比对，应从双方商标外观整体观察，不能仅以被控侵权标识使用与涉案商标相同的文字即认定两者构成近似。

（详见案例五：越城制钉厂诉美标五金公司侵害商标权纠纷案［江苏省高级人民法院（2015）苏知民终字第00245号］）

6. 三维标志商标近似性的比对

三维标志商标是由三维标志或者与其他标志组合构成的具有区别性的标识。

考虑到三维标志商标重点保护“三维标志”本身的立法原义和立法目的，在对三维标志商标进行近似性比对时应当整体比较，并重点关注三维标志本身是否具备显著性。当三维标志具备显著性时，侵权判定应重点比对三维标志部分。

（1）三维标志显著

被控侵权标识与三维标志商标中具有显著特征的三维标志相同或近似，容易使相关公众对商品或者服务的来源产生混淆或误认的，可以认定为相同或者近似商标。

（2）三维标志不显著但其他标志显著

虽然三维标志不显著，但如果被控侵权标识与三维标志商标中具有显著特征的其他标志相同或近似，容易使相关公众对商品或者服务的来源产生混淆或误认的，可以认定为相同或者近似商标。

如果被控侵权标识与三维标志商标中不具有显著特征的三维标志相同或近似，但是与具有显著特征的其他标志区别明显，不会使相关公众对商品或者服务的来源产生混淆或误认的，整体上仍不宜认定为相同或者近似商标。

（详见案例六：九蜂堂公司诉老山公司侵害商标权纠纷案［江苏省高级人民法院（2013）苏知民终字第0038号］）

4.2.13　混淆与误认对侵害商标权判定的重要影响

侵害商标权的判定，不仅应当比较诉争商标标识是否近似，还应当对是否足以造成相关公众混淆、误认进行认定。即使诉争的商标标识客观上相近似，但如果被控侵权标识的使用不会造成相关公众的混淆、误认，则不应认定构成侵害商标权。

足以造成相关公众的混淆、误认一般包括：

1. 商品或服务混淆

指相关公众将两个商品或服务混为一谈。

2. 来源混淆

指相关公众误认为被控侵权标识与注册商标所标示的商品或服务来自同一市场主体，对商品或服务的来源产生混淆、误认。

3. 关联关系混淆

指虽然相关公众认为被控侵权标识与注册商标所标示的商品或服务来自不同的市场主体，但是误认为两个市场主体之间存在着商标许可、投资合作、关联企业等关联关系。

4.2.14 混淆包括现实的混淆与混淆的可能性

除存在长期善意共存等极为特殊的历史因素外，通常在判断是否造成相关公众混淆时，既要考虑客观现实的混淆，也要考虑混淆的可能性。但不能以个别消费者、经营者认为混淆或不混淆而直接推定是否具有混淆的可能性，混淆可能性的判断主体仍然是相关公众。

（详见案例七：鼎盛公司诉苏州工商局工商行政处罚案［江苏省高级人民法院(2011)苏知行终字第0004号］）

4.2.15 衡量是否造成相关公众混淆、误认的因素

1. 注册商标的知名度、显著性

2. 被控侵权人的主观意图

3. 相关标识使用的历史和现状

4.2.16 商标的知名度和显著性对判断商标近似的影响

1. 如果比对的商标均未曾使用或者不具有很高的知名度，通常按照音、形、义等自然因素进行整体比对，这种近似更接近于事实上的近似即商标标识近似。

2. 如果比对的商标知名度相差悬殊，可以根据案件的具体情形采取比较主要部分或整体比对认定其近似性。

3. 如果比对的商标均具有较高知名度，或者相关商标的共存具有特殊历史渊源，有共同形成历史和发展历程的，此时不应简单就商标构成要素认定近似，而应当综合考虑两者的实际使用状况、使用历史、使用者的主观状态、相关公众的认知状态、政策变化等因素，尊重已经客观形成的市场格局，准确作出侵权判断。

例如，对于一些具有复杂历史渊源的商标或老字号等商业标识，相关当事人对于商标和品牌的创立和发展都作出了自己的贡献，加之还可能具有法律、政策等变化的其他原因，且均为善意使用，故法院在处理此类商标纠纷案件时，应当允许构成要素近似的商标之间的适当共存，实现经营者之间的包容性发展，即便相关商业标识的和平共处不可避免地会产生一定程度的市场混淆。

（详见案例八：拉科斯特公司诉鳄鱼国际公司等侵害商标权纠纷案［最高人民法院(2009)民三终字第3号］）

4.3 反向假冒

指未经商标注册人同意，将商标注册人的商标“更换”成自己的商标，并将该已更换商标的商品又投入市场。

（详见案例九：北京服装一厂诉鳄鱼国际公司等侵害商业信誉、不正当竞争纠纷案［北京市第一中级人民法院（1994）中经知初字第566号］）

4.4 帮助侵权

指故意为侵害他人商标权行为提供便利条件，帮助他人实施侵害商标权的行为。

4.4.1 便利条件

指为侵害他人商标权提供仓储、运输、邮寄、印制、隐匿、经营场所、网络商品交易平台等。

4.4.2 市场管理者承担侵权责任的具体表现形式及民事责任承担

市场管理者，是指依法设立，利用自有、租用或者其他形式取得固定场所，通过提供场地、相关设施、物业服务以及其他服务，吸纳商品经营者在场内集中进行现货商品交易，从事市场经营管理的企业法人。

市场管理者是否应当承担侵权责任，应当以市场管理者与商户之间的关系，商标权人向市场管理者发出附有确凿证据的警告函，市场管理者知晓市场内发生侵害商标权行为后的不同反应来认定。

1. 市场管理者与商户之间不是单一的铺位租赁关系，除承担管理职能外，还直接参与市场内的经营活动，并从中获取租金外的经营利益，且消费者有充分理由相信，除商户外，市场管理者同时也是交易相对方。此种情形，应认定市场管理者与商户系共同经营，对经营行为共同承担侵权责任。

（详见案例十：三六一度公司诉玉驰公司、吴某侵害商标权纠纷案［江苏省高级人民法院（2013）苏知民终字第0052号］）

2. 市场管理者与商户之间仅是铺位租赁合同关系，只向商户收取铺位租金，不参与商户的经营行为。此时，如果市场管理者能够证明其收到商标权人警告函后即对被控侵权行为采取合理、必要措施的，应当认定其主观上没有放任侵权行为，客观上亦已尽到管理、监督、检查等义务，市场管理者不应对商户的侵害商标权行为承担责任。而如果市场管理者不能证明其在收到商标权人警告函后即对被控侵权行为采取合理、必要措施的，应当认定其在收到警告函后为商户的侵权行为提供帮助，市场管理者应当承担相应责任。商标权人不能证明市场管理者在收到警告函以前即知道商户实施侵权行为的，市场管理者仅就商户全部赔偿数额承担部分连带责任。

（详见案例十一、案例十二：路易威登马利蒂诉王某、淘淘巷公司侵害商标权纠纷案［江苏省高级人民法院（2013）苏知民终字第0059号］，路易威登马利蒂诉黄某、莱迪公司侵害商标权纠纷案［江苏省高级人民法院（2013）苏知民终字第0082号］）

4.5 电子商务平台经营者侵害商标权行为认定

电子商务平台经营者，是指在电子商务中为交易双方或者多方提供网络经营场所、交易撮合、信息发布等服务，供交易双方或者多方独立开展交易活动的法人或者非法人组织。

法院审理涉电子商务平台侵害商标权纠纷案件，应当坚持严格保护知识产权的原则，依法惩治通过电子商务平台提供假冒等侵权商品或者服务的行为，积极引导当事人遵循诚实信用原则，依法正当行使权利，并妥善处理好商标权人、电子商务平台经营者、平台内经营者等各方主体之间的关系。

4.5.1 投诉处理机制中合格通知与声明的认定

1. 商标权人认为其商标权受到侵害的，有权通知电子商务平台经营者采取删除、屏蔽、断开链接、终止交易和服务等必要措施。商标权人向电子商务平台经营者发出的通知应当采取书面形式，通知一般包括：

①商标权的权利证明及商标权人的真实身份信息；

②能够实现准确定位的被控侵权商品或者服务信息；

③构成侵权的初步证据；

④通知真实性的书面保证等。

2. 电子商务平台经营者接到通知后，应当及时采取必要措施，并将该通知转送平台内经营者；未及时采取必要措施的，应对损害的扩大部分与平台内经营者承担连带责任。

判断电子商务平台经营者是否采取了合理的措施，法院可以考量下列因素：

①构成侵权的初步证据；

②侵权成立的可能性；

③侵权行为的影响范围；

④侵权行为的具体情节，包括是否存在恶意侵权、重复侵权情形；

⑤防止损害扩大的有效性；

⑥对平台内经营者利益可能的影响；

⑦电子商务平台的服务类型和技术条件等。

3. 平台内经营者接到电子商务平台经营者转送的通知后，可以向电子商务平台经营者提交不存在侵权行为的书面声明，声明一般包括：

①平台内经营者的真实身份信息；

②能够实现准确定位、要求终止必要措施的商品或者服务信息；

③商标权属证明、授权证明等不存在侵权行为的初步证据；

④声明真实性的书面保证等。

认定平台内经营者发出的声明是否具有恶意，法院可以考量下列因素：

①提供伪造或者无效的权利证明、授权证明；

②声明包含虚假信息或者具有明显误导性；

③通知已经附有认定侵权的生效裁判或者行政处理决定，仍发出声明；

④明知声明内容错误，仍不及时撤回或者更正等。

电子商务平台经营者接到声明后，应

当将该声明转送发出通知的商标权人，并告知其可以向有关主管部门投诉或者向法院起诉。电子商务平台经营者在转送声明到达商标权人后十五日内，未收到权利人已经投诉或者起诉通知的，应当及时终止所采取的措施。

4.5.2 电子商务平台经营者知道或者应当知道存在侵权行为的侵权责任

电子商务平台经营者知道或者应当知道平台内经营者侵害商标权的，应当根据侵权的具体情形、技术条件以及构成侵权的初步证据、服务类型等因素，及时采取必要措施，未采取必要措施的，与侵权人承担连带责任。采取的必要措施应当遵循合理审慎的原则，包括但不限于删除、屏蔽、断开链接等下架措施。平台内经营者多次、故意侵害商标权的，电子商务平台经营者有权采取终止交易和服务的措施。

电子商务平台经营者存在下列情形之一的，法院可以认定其"应当知道"侵权行为的存在：

①未履行制定知识产权保护规则、审核平台内经营者经营资质等法定义务；

②未审核平台内店铺类型标注为"旗舰店""品牌店"等字样的经营者的权利证明；

③未采取有效技术手段，过滤和拦截包含"高仿""假货"等字样的侵权商品链接、被投诉成立后再次上架的侵权商品链接；

④其他未履行合理审查和注意义务的情形。

4.5.3 错误通知的赔偿责任

因通知错误造成平台内经营者损害的，依法承担民事责任。恶意发出错误通知，造成平台内经营者损失的，加倍承担赔偿责任。

认定通知人是否具有"恶意"，法院可以考量下列因素：

①提交伪造、变造的权利证明；

②提交虚假侵权对比的鉴定意见、专家意见；

③明知权利状态不稳定仍发出通知；

④明知通知错误仍不及时撤回或者更正；

⑤反复提交错误通知等。

电子商务平台经营者、平台内经营者以错误通知、恶意发出错误通知造成其损害为由，向法院提起诉讼的，可以与涉电子商务平台知识产权纠纷案件一并审理。

4.5.4 开展自营业务的电子商务平台经营者的侵害商标权行为认定

电子商务平台经营者对其自营业务依法承担商品销售者或者服务提供者的责任。认定电子商务平台经营者是否属于开展自营业务，法院可以考量下列因素：

①商品销售页面上标注的"自营"信息；

②商品实物上标注的销售主体信息；

③发票等交易单据上标注的销售主体信息等。

4.6　回收再利用带有商标标识容器的侵害商标权行为认定

如果回收利用企业对回收的旧瓶上原权利人的商标标识没有采取遮蔽、消除等合理措施，或者采取的措施不能彻底将原商标标识从相关公众的视野内移除，或者没有附加其他区别性标识，容易导致消费者产生混淆误认的，则再利用行为构成侵害商标权。

（详见案例十三：恒顺公司诉恒庆公司等侵害商标权纠纷案［江苏省高级人民法院（2019）苏民终 1754 号］）

4.7　驰名商标的保护

驰名商标，是指经过长期使用或者大量商业推广或宣传，在中国境内为相关公众所熟知，且具有良好市场声誉的商标。

4.7.1　驰名注册商标的跨类保护

复制、摹仿、翻译他人已经在中国注册的驰名商标或其主要部分，并在不相同或者不相类似商品或服务上作为商标使用，误导公众，致使该驰名商标注册人的利益可能受到损害的，构成侵害商标权。“误导公众，致使该驰名商标注册人的利益可能受到损害”，是指足以使相关公众认为被诉商标与驰名商标具有相当程度的联系，而减弱驰名商标的显著性、贬损驰名商标的市场声誉，或者不正当利用驰名商标的市场声誉。

（详见案例十四：伊士曼公司诉科达电梯公司侵害商标权纠纷案［苏州市中级人民法院（2005）苏中民三初字第 0213 号］）

4.7.2　未注册驰名商标的非跨类保护

复制、摹仿、翻译他人未在中国注册的驰名商标或其主要部分，并在相同或者类似商品或服务上作为商标使用，容易导致混淆的，构成侵害商标权。“容易导致混淆”，是指足以使相关公众对使用驰名商标和被诉商标的商品或服务来源产生误认，或者足以使相关公众认为使用驰名商标和被诉商标的经营者之间具有许可使用、关联企业关系等特定联系。

对于驰名的未注册商标的保护，应当审查当事人申请保护的商标是否属于《中华人民共和国商标法》第十条、第十一条、第十二条规定的不得作为商标注册和使用的情形。

（详见案例十五：南社布兰兹公司诉华夏庄园公司、杭州正声公司侵害商标权纠纷案［南京市中级人民法院（2018）苏 01 民初 3450 号］）

4.8　损害商标品质保障功能的侵权认定

商标既具有识别商品或服务来源的基本功能，也具有品质保障、信誉承载等衍生功能，其中来源识别功能是商标的首要功能。司法实践中，除主要以是否破坏来源识别功能来判断是否构成侵害商标权外，也以是否损害品质保障功能来判定是否构成侵害商标权，商标权人对降低商品或服务品质、减损或损害其商标所负载商誉的商标使用行为有权制止。

将正品重新包装并贴附权利人商标后再行出售的行为是否构成侵害商标权，关键在于判断重新包装的行为是否损害了商标的品质保障功能，是否对商标权人的商誉造成损害。如果重新包装再转售的行为并未对商标的品质保障功能造成损害，则该行为属于合法的商品转售行为，适用权利用尽原则。但如果被控侵权人将较低质量标准的商品或服务通过改变包装等形成按较高质量标准的商品或服务出售或提供，则可以认定被控侵权人的行为即便未造成消费者混淆，亦构成侵害商标权。

（详见案例十六：不二家（杭州）食品有限公司诉钱某某等侵害商标权纠纷案［杭州市余杭区人民法院（2015）杭余知初字第416号］）

第五部分　权利冲突类案件的审理

5.1　商业标识的权利冲突

商业标识的权利冲突，是指两个或者两个以上的民事主体对相同或者近似的商业标识分别获取相同或者不相同的知识产权，相关商业标识在商业环境下产生消费者混淆或误认的后果，相关主体在行使权利上产生矛盾或冲突。

5.2　解决权利冲突类案件的基本原则

1. 保护在先合法权利原则；

2. 诚实信用原则；

3. 防止市场混淆原则；

4. 利益平衡原则。

审理权利冲突类案件，根据前述原则并综合考虑以下因素：

1. 原、被告各自使用商业标识的情况，包括消费者的认知程度，被告使用商业标识的具体范围、持续时间，以及是否系出于正常营业需要而合法善意地使用，有无累积一定的商誉；

2. 原、被告获得商业标识的时间、取得方式，是否具有正当性与合理性，有无攀附的主观恶意；

3. 诉争商业标识本身的显著性强弱、知名度大小；

4. 诉争商业标识形成和发展的历史、使用现状等。

在综合考虑上述因素后，法院应当在尊重在先权利的前提下兼顾各方利益，认定是否构成侵害商标权，避免绝对地以在先商标权人的利益作为唯一衡量因素，而忽略被告利益及公共利益。但为了防止市场主体的混淆和冲突，鼓励诚实经营，维护正常的市场竞争秩序，在维持现有使用状态的同时，各方当事人均应当各自规范使用其商业标识，以便消费者加以区分和识别，维护各方当事人及消费者的合法权益。

5.3　注册商标之间的权利冲突

如果原告以他人使用在核定商品或服务上的注册商标与其在先的注册商标相同或者近似为由提起民事侵权诉讼的，法院应当告知原告向有关行政主管机关申请解决，先行申请无效或撤销注册商标。但法院可以在以下几种情形下直接处理注册商标之间的权利冲突案件。

1. 被告使用的注册商标复制、摹仿或者翻译原告驰名商标，构成侵犯商标权的，根据原告的请求，法院可以判决禁止被告使用其注册的商标；

2. 被告没有规范使用自己的注册商标，实际使用的商标超出了核定商品或服务的范围；或者虽然使用在核定的商品或服务上，但自行改变了商标的外观特征或式样，包括改变显著特征、拆分使用、将自己的多个注册商标不当叠加或组合使用，并通过文字处理，弱化或淡化部分文字，突出其他文字等方式使用注册商标，而与原告的注册商标相同或者近似；

3. 被控侵权商标在法院受理案件时尚未获得注册或已被撤销、无效的；

4. 被控侵权行为发生时，被控侵权商标尚未获得注册，而受理案件时被控侵权商标获得注册的。

（详见案例十七：洋河酒厂诉徐州发洋食品公司、汤某某等侵害商标权及不正当竞争纠纷案［江苏省高级人民法院(2017)苏民终1781号］）

5.4　在先商标权与在后企业名称权冲突类案件的处理

将与他人注册商标相同或者相近似的文字作为企业字号在相同或者类似商品或服务上突出使用，容易使相关公众产生误认的，构成侵害商标权。

需特别注意的是：

1. 只有突出使用"与他人注册商标相同或者近似文字"的企业字号时，才构成侵害商标权。

2. 尽管未突出使用企业字号的行为不构成侵害商标权，但最高人民法院在(2004)民三他字第10号函中明确，"对违反诚实信用原则，使用与他人注册商标中的文字相同或者近似的企业字号，足以使相关公众对其商品或者服务的来源产生混淆的，根据当事人的诉讼请求，可以依照民法通则有关规定以及反不正当竞争法第二条第一、二款规定，审查是否构成不正当竞争行为，追究行为人的民事责任。"

5.5　在先企业名称权与在后商标权冲突类案件的处理

5.5.1　在先企业名称权与在后商标权的冲突

如果在先企业名称的使用系出于正常营业需要而合法善意地使用，并未攀附在后注册商标的商誉，应当判决在先的企业名称不构成侵害商标权。但为了防止市场主体的混淆和冲突，鼓励各自诚实经营，保护消费者权益与正常的市场竞争秩序，法院可以在判决中明确要求当事人各自规范使用其企业名称和注册商标。

（详见案例十八：富士控股公司、番禺富士公司诉苏州富士等侵害商标权纠纷案［江苏省高级人民法院(2010)苏知民终字第0114号］）

5.5.2　在先企业名称权的保护

注册在先的企业名称是否构成在先权利，不宜仅单纯依据诉争的企业名称、商标等商业标识的各自使用时间节点进行认定，而应当综合考虑市场主体使用企业名称等商业标识的完整历史渊源、企业名称的知名度等因素。虽然名称经合法登记和使用后，在其登记辖区范围内享有排斥其他同类竞争企业注册和使用相同或近似名称的权利，但在长期使用过程中，依靠名称权人的信誉、产品质量以及广告投入等因素，其在更大范围内享有较高知名度，由此在超出其登记辖区的更大范围内产生应受保护的权利和商益。如果在后商标权人获准注册的商标系抢注他人在先中华老字号、知名字号以及在一定范围内有影响的字号，则在后商标权人的行为应当受到规制，在先企业名称权应当具有明显的可保护利益。

（详见案例十九：北京三民太奇公司诉无锡太奇中心侵害商标权及不正当竞争纠纷案[江苏省高级人民法院（2015）苏知民终字第00098号]）

5.6　商标权与电视节目名称冲突类案件的处理

电视节目制作有其固有的制作规律，从提出节目名称及LOGO设想到开播要经过较长的一段时间，其中需经历节目名称及LOGO设计与创作、节目运行方案的构思与研究、召开首播新闻发布会、节目首播等环节。因此，认定谁在先设计出相关节目名称或商标，不能简单机械地以商标注册申请的时间和节目的开播时间来划定保护的边界，否则可能会出现不符合客观现实状态并产生不公平后果。

对于电视节目名称与商标权之间的冲突，如果电视台等对节目名称、LOGO图标等享有在先权利或者有正当使用的权利，且不存在攀附和利用他人商标与商业信誉的主观过错，电视节目的播出不会造成相关公众的混淆与误认，则应当认定电视台等使用其节目名称不构成对他人商标权的侵害。

（详见案例二十：同舟公司诉江苏电视台、长江龙公司侵害商标权纠纷案[江苏省高级人民法院（2015）苏审三知民申字第00001号]）

5.7　商标权与域名冲突类案件的处理

将与他人注册商标相同或者相近似的文字注册为域名，并且通过该域名进行相关商品交易的电子商务，容易使相关公众产生误认的，构成侵害商标权。

需特别注意的是，由于侵害商标权必须与商品或服务联系在一起，故如果只是将与他人注册商标相同或者相近似的文字注册为域名，而没有通过该域名进行相关商品交易的电子商务，一般不认定构成侵害商标权。同时在理解并运用该条时，要注意结合《最高人民法院关于审理涉及计算机网络域名民事纠纷案件适用法律若干问题的解释》第四条和第五条的规定精神，认定被告注册、使用域名等行为构成侵权或者不正当竞争：原告请求保护的民事权益合法有效；被告域名或其主要部分构成对原告驰名商标的复制、模仿、翻译或音译，或者与原告的注册商标、域名等相同或近似，足以造成相关公众的误认；被告对该域名或其主要部分不享有权益，也无注册、使用该域名的正当理由；被告对该域名的注册、使用具有恶意。

5.8　商标权与 App 标识冲突类案件的处理

在处理涉及 App 应用程序与新商业模式融合的知识产权纠纷时，要以有利于促进创新、有利于公平竞争、有利于保护消费者利益为指引，慎重对待，妥善运用法律制度中的保护和例外，合理确定权利和责任的边界，依法维护善意使用者的市场交易安全，降低创新者的法律风险。

在使用的 App 标识与他人注册商标构成近似的情况下，是否侵害他人商标权，应当综合考虑以下因素予以认定：

1. 二者使用的商品或服务的类别是否相同或类似

App 本身属于《类似商品和服务区分表》0901 群组“计算机程序、可下载软件”。App 标识通常由文字、图形或二者组合而成，代表不同的开发商和所提供的商品或服务。App 被开发者上传至应用商店，下载后手机中会显示相应标识，用户通过 App 标识区分其来源及所提供的商品或服务，故 App 标识从构成要素、使用形式及展现位置来看，具有能够区分商品或服务来源的作用，可认定为《中华人民共和国商标法》第八条中区分商品或服务来源的标志。

依据 App 的具体用途，可以将其分为两类：一类是软件企业向相关公众提供的计算机操作程序，用户下载、安装此类 App 的目的是通过使用其作为计算机程序所具有的功能来解决某一方面的使用需求，如输入法、浏览器、图片编辑、文字处理等功能，此类 App 在商品类别上可归入第 9 类计算机操作程序。另一类 App 则是企业向相关公众提供商品或服务的平台或工具。对于相关公众来说，其下载、安装、使用 App 的目的在于以 App 作为平台或媒介来接受相关经营者提供的商品或服务，是互联网环境下新的商业模式。因此，与传统商品或服务类别的区分不同，App 兼具商品和服务的双重属性。尤其是前述第二类 App 跨越了第 9 类计算机操作程序，又与其具体提供的商品或服务类别发生重合。故在划分 App 商品或服务的类别时，既要考虑计算机应用程序的性质，还要考虑其提供的商品或服务的类别，才能对其所属商品或服务的类别作出科学、合理的判断。

2. 注册商标的显著性和知名度

注册商标的显著性越高，造成混淆的可能性就越大；反之，造成混淆的可能性就越小。涉案商标受到保护的范围及强度应当与商标的显著性强弱及知名度大小相适应。

3. 是否具有攀附他人注册商标商誉的主观恶意

考虑 App 运营者的使用意图，有无攀附注册商标的商誉，攫取不正当利益的目的。

（详见案例二十一：好利维尔公司诉北京农管家公司侵害商标权纠纷案［江苏省高级人民法院（2017）苏民终 1982 号］）

第六部分　侵害商标权的抗辩事由

在侵害商标权纠纷案件的审理中，被告往往提出各种抗辩事由以证明自己并不构成侵害商标权或者不应当承担赔偿责任。被告主张较多的抗辩事由为其使用的被控侵权标识与注册商标不相同也不近似、商品或服务不相同也不类似，不产生混淆误认的后果，对该抗辩事由主要依据"4.2 侵害商标权的判定"的内容予以审查，本部分主要涉及其他常见的抗辩事由。

6.1　正当使用抗辩

注册商标中含有的本商品的通用名称、图形、型号，或者直接表示商品的质量、主要原料、功能、用途、重量、数量及其他特点，或者含有地名，商标权人无权禁止他人正当使用。

被告提出正当使用抗辩的事由，通常包括：

1. 被告的使用行为不构成商标意义上的使用

商标法对注册商标的保护并不是绝对的，如果他人是将与注册商标相同或近似的文字用来叙述、说明商品的特点、质量、数量等或者描述某种商业活动的客观事实等，而不具有区分商品来源和不同生产者的作用，则他人的使用不属于商标意义上的使用，不构成对他人商标权的侵害。

2. 被告系正当使用

被告使用与他人注册商标相同或近似的文字并非出于不正当竞争的目的，主观上不是想故意引起混淆，而是善意正当使用。判断是否出于善意，应当综合考虑使用意图、使用行为发生的时间、使用方式以及使用的客观效果。

6.1.1　描述商品或服务特点的叙述性使用

1. 注册商标直接表示商品或服务的性质、质量、主要原料、功能、用途、重量、数量、种类及其他特点，他人可以正当使用。

当注册商标具有描述性时，其他生产者出于说明或客观描述商品或服务特点的目的，以善意方式在必要的范围内予以标注，不会导致相关公众将其视为商标而导致来源混淆的，构成正当使用。判断是否属于善意，是否必要，可以参考商业惯例等因素。

（详见案例二十二：盛某诉延边出版社等侵害商标权纠纷案［江苏省高级人民法院（2012）苏知民终字第 0124 号］）

2. 注册商标中含有本商品或服务的通用名称、图形、型号的，他人可以正当使用。

其中，通用名称是指在某一区域内为

生产经营者或者消费者普遍用于称呼某一商品、服务或其他对象的名称，包括全称、简称、缩写、俗称等。通用名称既包括依据法律规定或者国家标准、行业标准属于商品或服务通用名称的，也包括约定俗成的商品或服务通用名称。相关公众普遍认为某一名称能够指代一类商品或服务的，应当认定为约定俗成的通用名称。被专业工具书、辞典等列为商品或服务名称的，可以作为认定约定俗成的通用名称的参考。约定俗成的通用名称一般以全国范围内相关公众的通常认识为判断标准。对于由于历史传统、风土人情、地理环境等原因形成的相关市场固定的商品或服务，在该相关市场内通用的称谓，法院可以认定为通用名称。

6.1.2 指示商品或服务特点、来源等的指示性使用

在产品修理、零配件制造、产品销售、产品组装等商业领域中，经营者为了向消费者描述其制造、销售的商品或提供的服务内容、来源等，应当允许其合理使用商标权人的商标。但经营者必须遵守指示性合理使用的规则，在使用时应当基于诚信善意，不能以描述的需要为由随意扩大使用商标权人的商标，使用商标的具体形式、程度应保持在合理范畴之内，不会对商标权人的合法权益造成损害。

（详见案例二十三：联想公司诉顾某侵害商标权纠纷案[江苏省高级人民法院(2014)苏知民终字第0142号]）

6.1.3 作为地名使用

判断被告使用地名的行为是否属于正当使用，需结合地名商标的知名度、被告使用的具体方式和目的、是否会导致相关公众产生混淆误认等因素综合判断。若通过综合分析判断，确定被告的使用行为系出于攀附权利人地名商标知名度或商誉的意图，可能使相关公众产生混淆误认的，则该使用行为超出了正当使用的范畴，构成侵害商标权。若被告的使用行为有正当理由，且不会使相关公众产生混淆误认，则属于法律规定的正当使用，商标权人无权禁止他人在相同或者类似商品上正当使用该地名来表示商品与产地、地理位置等要素之间的联系。

（详见案例二十四、案例二十五：句容市联友卤制品厂诉柏某侵害商标权纠纷案[江苏省高级人民法院(2004)苏民三终字第003号]，灌南县预算外资金管理局、江苏汤沟两相和酒业有限公司诉陶某侵害商标权纠纷案[江苏省高级人民法院(2006)苏民三终字第0094号]）

6.1.4 地理标志使用

地理标志是标示某商品来源于某地区，并且该商品的特定质量、信誉或其他特征主要由该地区的气候、地质、土壤以及品种等自然因素和与之相适应的生产技术、加工工艺等人为因素所决定的标志。

地理标志类商标是将在一定范围内的公用资源纳入商标专用权的范围，故在确定地理标志类商标专用权的保护范围时，

应当充分考虑公共利益和商标权利的平衡,将地理标志类商标专用权与禁用权范围限定于"具体地名+产品通用名称"的组合使用方式。一方面,商标专用权的范围不能扩张到地名或者通用名称的单独使用;另一方面,其禁用权的范围不能不当剥夺他人合理使用地名加产品通用名称的正当权利。地理标志是一项地区性、公有性的财产权,产地内所有符合条件的厂商和个人都有权使用,不允许垄断使用。因此,在地理标志类商标的保护及侵权诉讼中,在考察被告是否属于正当使用时,法院需要重点审查的内容包括被告销售的产品是否来源于该地理标志特定区域内、是否具备特定品质、产品标注的使用方式是否正当以及使用者主观上是否出于善意。如果被告提供的证据能够证明其商品或服务确实来源于地理标志特定区域,具备特定品质,且未使用地理标志中的特有图案,不会导致相关公众对商品的原产地等特定品质产生误认的,则应当认定被告的使用系对特定地名的正当使用,不构成侵害商标权。

(详见案例二十六、案例二十七、案例二十八:大米协会诉以祝米厂等侵害商标权纠纷案[江苏省高级人民法院(2015)苏知民终字第00165号],盱眙龙虾协会诉建红土菜馆侵害商标权纠纷案[南京市中级人民法院(2016)苏01民终10680号],盱眙龙虾协会分别诉陈某、邱某侵害商标权纠纷两案[无锡高新技术产业开发区人民法院(2014)新知民初字第0003号、无锡市中级人民法院(2014)锡知民终字第0010号])

6.2 先用权抗辩

先用权抗辩制度的主要目的是保护那些已经在市场上具有一定影响但未注册的商标所有人的权益。商标注册人申请商标注册前,他人已经在同一种商品或服务,或者类似商品或服务上先于商标注册人使用与注册商标相同或者近似并有一定影响的商标的,商标权人无权禁止该使用人在原使用范围内继续使用该商标,但可以要求其附加适当区别标识。

先用权抗辩的适用要件主要包括:

1. 他人在注册商标申请日之前存在在先使用商标的行为;

2. 该在先使用行为原则上应当早于商标注册人对商标的使用行为,且为善意;

3. 该在先使用的商标应具有一定影响。使用人对其商标的使用确系真实使用,且经过使用已使得商标在使用地域内起到识别作用;

4. 被控侵权行为系他人在原有范围内的使用行为。

6.3 销售商的合法来源抗辩

在侵害商标权纠纷案件的审理中,作为被告的销售商对于侵权商品的制造者身份负有披露义务,在被控侵权人是制造商还是销售商身份不明时,其拒不提供商品来源信息的,可以认定其为制造商,由其承担制造商的法律责任。

销售商通常会主张合法来源抗辩,并

提供商品来源信息。根据《中华人民共和国商标法》第六十四条第二款的规定，如果销售商提出的合法来源抗辩成立，其销售行为虽然仍构成侵害商标权，但不需要承担赔偿责任。

1.“侵权商品”证明责任的承担

根据“谁主张谁举证”的民事证据规则，商标权人主张他人销售了侵权商品，理应由其对被告销售的商品系“侵权商品”负举证责任，但相应的证明标准不宜设定太高，即商标权人只需对侵权商品与正品之间的区别作出合理说明即可，此时应当由被告证明该商品并非侵权商品。如果被告提供的相反证据能够初步证明其销售的商品并非侵权商品而是正品时，则商标权人应当对被控侵权商品的真伪进一步举证证明，如果商标权人无法进一步举证证明，则应当由其承担举证不能的法律后果。

2.销售商“不知道是侵权商品”的认定

销售商主张合法来源抗辩时，需要证明：

(1)商品是由正规、合法渠道取得，并披露商品的提供者。包括合法的购货渠道、合理的价格和直接的供货方等。

具体需要提供的证据应视个案情况而定，一般需要提供供货合同、相应的商业发票等。如果销售商仅能提供记账凭证、收款收据，可以要求销售商补充提供送货单、入库进货单、付款凭证等相关凭证加以印证；如果供货商认可被控侵权商品由其实际销售给销售商，可以视个案情况降低对销售商的举证要求。

(2)其确实不知道自己销售的是侵害他人商标权的商品。对销售商“不知道是侵权商品”的认定，应当由销售商对其尽到合理审查注意义务承担举证责任。被告的经营规模、专业程度、市场交易习惯等，可以作为确定其合理审查注意义务的证据。销售商提供的被控侵权商品来源证据与其合理审查注意义务程度相当的，可以认定其不知道被控侵权商品侵害他人商标权。具体审查销售商的举证义务是否到位，可以综合考虑以下因素：

①商标的知名度。商标知名度越高的商品，在市场上影响力的范围及程度就越大，销售商对该商标及商品的了解也越多，其审查注意义务相应越高。

②销售商的认知能力。认知能力主要取决于销售商经营规模的大小、专业程度的高低、从业时间的长短等。司法实践中，对认知能力的判断一般以正常人施以谨慎的注意力为标准，而不以具体个体判断能力的强弱进行确定。一般情况下，大型的超市、商场、购物中心、百货商店等的认知能力高于中小型销售商；专业经销特定种类商品的销售商的认知能力高于经营各种类型商品的销售商；长期从事某行业的销售商的认知能力高于经营时间较短的销售商。对于认知能力强的销售商，应当赋予其更高的审查注意义务。

③商品的进货价格和进货渠道。商品

的进货价格明显低于同类商品的正常市场价格，则销售商应当负有更高的审查注意义务，其应当对供货商的相关资质进行审查，包括供货商的生产经营执照、是否有商标注册证书或经授权的合法经销资质等。如果商品系从非正规市场或者从小商、小摊贩处购得，则从侧面可以推定销售商应当知道该商品难以保证为正品。

④商品本身的属性及外部反映的信息。一是根据商品本身的属性，区分普通商品与特殊商品。如医药保健品等商品，因涉及人身健康和生命安全，销售商应当负有更为严格的注意义务。二是根据商品外部反映的信息，确认该商品是否属于"三无产品"。"三无产品"一般是指无生产日期、无质量合格证以及无生产厂家，来路不明的产品。对于"三无产品"，销售商更需严格审查，否则其合法来源抗辩很难成立。

⑤不存在其他例外因素。在销售商举证证明其尽到合理审查注意义务的同时，商标权人可以通过相应证据，推定销售商明知其销售的是侵权商品。实践中，主要存在以下几种情形：一是销售商收到过商标权人的侵权警告函后仍继续销售的。需要说明的是，对警告函具体内容的要求应当不同于专利侵权诉讼中专利权人发送的警告函，商标权人在警告函中只需说明其拥有合法有效的商标权的具体情况，并附上注册商标证书，简单指明销售商销售的被控侵权商品的商标及名称即可。二是销售商曾因销售相同商品被法院或行政机关予以处理的。三是销售商先后或同时经销正品和侵权商品，且正品与侵权商品在价格等方面差异较大。

第七部分　驰名商标的司法认定

7.1　驰名商标司法认定的案件类型

1. 就相同或者类似商品或服务申请注册的商标是复制、摹仿或者翻译他人未在中国注册的驰名商标，容易导致混淆的；就不相同或者不相类似商品或服务申请注册的商标是复制、摹仿或者翻译他人已经在中国注册的驰名商标，误导公众，致使该驰名商标注册人的利益可能受到损害的；

2. 企业名称与驰名商标冲突类案件。对涉及驰名商标与企业名称冲突的民事纠纷案件，只有在不相同或不相类似的商品或服务上突出使用企业名称，或者使用企业名称足以使相关公众认为被诉企业名称与驰名商标具有相当程度的联系，而减弱驰名商标的显著性、贬损或不正当利用驰名商标的市场声誉的；

3. 原告以被控侵权商标的使用侵害其商标权为由提起民事诉讼，被告以原告的注册商标复制、摹仿或者翻译其在先未注册驰名商标为由提出抗辩或者提起反诉的；

4. 其他根据个案审理需要认定驰名商标的案件。

7.2　对于商标是否驰名不予审查的民事纠纷案件

1. 被控侵权行为的成立不以商标驰名为事实依据的

一般来说，被告经营商品或服务的类别与原告商标核定使用的商品或服务类别相同或类似，可以直接对被告的行为是否构成侵害商标权进行认定，无需认定驰名商标。

但为了使权利人获得与其长期累积的品牌商誉程度相当的司法保护力度，并确定与驰名商标相适应的保护强度，对于确已达到驰名程度的商标，法院可以根据权利人的请求，在综合考虑商标知名度、被控侵权人是否具有明显攀附意图等因素的基础上认定驰名商标。

（详见案例二十九：马奇公司、阿里斯顿中国公司诉嘉兴阿里斯顿公司等侵害商标权纠纷案[江苏省高级人民法院（2015）苏知民终字第00211号]）

2. 被控侵权行为不成立的

如果经过审理认定被告行为不构成侵害商标权，则无须审查商标是否驰名。

3. 驰名商标与域名的冲突

将与他人注册商标相同或者相近似的文字注册为域名，并且通过该域名进行相关商品交易的电子商务，容易使相关公众产生误认的，构成侵害商标权。由于该条规定对于注册商标的知名度不作特别要求，故涉及驰名商标与域名的冲突案件无需认定驰名商标。

7.3　驰名商标司法认定的原则

1. 被动认定

依当事人申请与审理需要启动司法认定程序，法院不能依职权主动认定。

2. 个案认定

法院在审理具体案件中认定的驰名商标，仅对个案具有效力，在他案中并不当然有效。

原告已提供其商标驰名的基本证据，被告不持异议的，法院对该商标驰名的事实予以认定。被控侵害商标权或者不正当竞争行为发生前，曾被法院或者国家商标行政管理或异议审查部门认定驰名的商标，被告对该商标驰名的事实不持异议的，法院应当予以认定。被告提出异议的，原告仍应当对该商标驰名的事实负举证责任。

3. 域内驰名

认定驰名商标必须以商标在中国境内驰名为必要，要求商标所指示的商品或服务应当在国内市场上存在和流通，或者在国内市场或互联网中进行过宣传。

7.4　驰名商标的认定标准

认定商标驰名，应当考虑以下因素：

1. 使用该商标商品或服务的市场份额、销售区域、利税等；

2. 该商标的注册时间和持续使用时间，包括商标核准注册前持续使用的情形；

3. 该商标的宣传或者促销活动的方式、持续时间、程度、资金投入和地域范围；

4. 该商标的价值、享有的市场声誉、相

关公众的知晓程度；

5. 该商标曾被作为驰名商标受保护的记录等。

对于商标使用时间长短、行业排名、市场调查报告、市场价值评估报告、是否曾被认定为著名商标等证据，法院应当结合认定商标驰名的其他证据，客观、全面地进行审查、综合考虑。但在一些特殊情况下，对于众所周知的品牌或驰名事实，考虑部分因素即足以认定所涉商标驰名的，则无需机械地一一考虑全部因素。在认定涉移动互联网时代商标是否驰名时，应当充分考虑互联网信息传播特点，综合考虑商标法规定的各项驰名因素，并结合案件具体情况对驰名事实作出客观、全面地认定，不应机械强调商标使用时间等因素。

（详见案例三十：小米科技公司、小米通讯公司诉中山奔腾公司等侵害商标权及不正当竞争纠纷案[江苏省高级人民法院（2019）苏民终 1316 号]）

要采取有效措施防止当事人滥用驰名商标司法认定制度，通过虚假诉讼等不正当手段达到认定目的。法院要依职权加强对有关证据和事实的调查核实，主动审查商标驰名与否相关证据的原件；审查被告注册时间与身份，如是否系在诉讼前不久成立，与原告是否存在关联；审查有关被控侵权行为是否真实存在等。

7.5　商标驰名在裁判文书中的表述

当事人不能单独提起驰名商标认定的诉讼，法院也不应将驰名商标的司法认定作为独立的诉讼请求审理。因驰名商标的司法认定属于事实认定的范畴，因此法院对驰名商标的认定，仅作为案件事实和判决理由。在判决主文中，不应出现“认定××商标为驰名商标”的表述；以调解方式审结的，在调解书中对商标驰名的事实也不予认定。

7.6　驰名商标认定的审核备案制度

根据驰名商标司法认定审核备案制度要求，法院在案件审理过程中，经初步审查认为确需认定驰名商标的，必须形成书面报告随同卷宗移送，并以请示案件形式报请江苏省高级人民法院审核认定。

第八部分　民事责任的承担

8.1　停止侵害

在侵害商标权纠纷案件中，法院判决的责任方式主要包括：

1. 停止使用侵害原告商标权的“××”标识的行为；

2. 规范使用、不得突出使用或者停止使用侵害原告商标权的“××”企业名称。

8.1.1　规范使用企业名称

《最高人民法院关于审理注册商标、企业名称与在先权利冲突的民事纠纷案件若干问题的规定》第四条规定，被诉企业名称侵害商标权或者构成不正当竞争的，法院可以根据原告的诉讼请求和案件具体情况，确定被告承担停止使用、规范使用等民事责任。如果企业名称的注册使用并不违法，只是因突出使用其中的字号而侵害商标权的，判决被告规范使用企业名称、停止突出使用行为即足以制止被告的侵权行为，不宜判决停止使用或者变更企业名称。

8.1.2 停止使用或者变更企业名称

对于被诉企业名称侵害商标权或者构成不正当竞争的案件，是否判令停止使用企业名称，应当视案件具体情况，在综合考量主观过错程度、历史因素和使用现状的基础上公平合理地作出裁量。在被告注册、使用被诉企业名称具有明显攀附恶意时，如果允许被告继续使用其字号，与原告商标、字号共存，即便不突出使用字号，对于市场而言，尤其是潜在购买者，仍极易发生混淆或者误认为两者之间存在投资或合作等关联关系时，应当判决其在构成侵害商标权等的同时，停止使用或者变更企业名称，以体现商标法鼓励企业诚信经营、发展自主品牌的裁判导向。

8.1.3 停止使用楼盘名称问题

涉楼盘侵害商标权案件中，是否需要判决停止使用楼盘名称，应当考虑利益平衡原则，根据个案的不同情形予以裁量，在综合考量注册商标的知名度、被告的侵权过错程度、实际销售量、业主入住情况、拆除被控侵权标识的成本及影响、风险等因素后作出判决。

（详见案例三十一：钓鱼台美高梅公司诉安徽高速地产苏州公司侵害商标权纠纷案[江苏省高级人民法院（2016）苏民终1167号]）

8.1.4 法院判决停止侵害的例外情况

如果判决停止有关行为会造成当事人之间利益的重大失衡，或者有悖社会公共利益，或者实际上无法执行，可以根据案件具体情况进行利益衡量，即可以不判决停止侵害，而改为加重民事赔偿的方式。

8.2 赔偿损失

坚持损害赔偿的市场价值导向，尽可能细化并阐述赔偿标准，确定与知识产权市场价值相适应的侵权损害赔偿数额。

8.2.1 基本原则

赔偿额为权利人因被侵权所受到的实际损失，难以确定实际损失的，为侵权人因侵权所获得的利益，损失或者利益难以确定的，参照商标许可使用费的倍数合理确定。故意侵权的，按上述方法确定数额的1—5倍确定。

权利人主张按照权利人损失或侵权人获利计算损害赔偿，同时有可供参照的合理许可使用费的，损害赔偿数额原则上不应低于可比较的合理许可使用费。

权利人因被侵权所受到的实际损失、侵权人因侵权所获得的利益、注册商标许可使用费均难以确定的，法院可以根据侵权行为的情节判决五百万元以下的赔偿。

根据诉讼请求，被告还应支付原告为制止侵权而花费的合理开支。

8.2.2 权利人的损失

权利人因侵权所受到的损失可以根据权利人因侵权所造成商品销售减少量或者

侵权商品销售量与该注册商标商品的单位利润乘积计算。

确定侵害商标权的赔偿数额时，在权利人有证据证明其产品销量严重下降主要系因行为人实施侵权行为的情况下，权利人主张其实际损失包括因被迫降价而损失的利润、未来必将损失的利润以及商誉损失的，应当予以支持。

（详见案例三十二：巴洛克木业公司诉浙江巴洛克公司等侵害商标权及不正当竞争纠纷案[江苏省高级人民法院（2017）苏民终1297号]）

许可使用费可以作为其损失的参考。法院可以考量下列因素对许可使用费证据进行审核认定：

1. 许可使用费是否实际支付及支付方式，许可使用合同是否实际履行或者备案；

2. 许可使用的权利内容、方式、范围、期限；

3. 被许可人与许可人是否存在利害关系；

4. 行业许可的通常标准。

8.2.3 侵权人的获利

被告因侵权所获得的利益可以根据侵权商品销售量与该商品单位利润乘积计算；该商品单位利润无法查明的，按照注册商标商品的单位利润计算。如果以这两个单位利润计算均不尽合理，也可以以同类产品的平均利润率或者参照最相类似产品的利润率计算。

8.2.4 积极引导当事人采用损失或者获利确定赔偿额

对于当事人请求以损失或获利确定赔偿额的，法院不应当简单地以“难以确定”为由直接适用法定赔偿，而应当积极引导当事人及其诉讼代理人就权利状况、侵权认定、因侵权行为而产生的损失额、获利额或者许可费标准等方面的事实进行举证。能够据实计算具体数额的，则直接计算；不能具体计算数额的，能够通过对裁量性因素计算最低值的，则运用裁量性赔偿方法确定赔偿数额；有许可使用费可以参照的，可以参照许可使用费进行裁量；前述方法无法确定的，可以考虑适用法定赔偿。

在上述的举证质证中，原告就其主张的赔偿额提供详细计算方式及其参考因素，并有相关证据支持，说明其计算方式的合法、合理依据，如果侵权人仅作简单否认而并未提供任何相反证据或有力反驳理由，法院可以根据诉辩意见及现有证据支持权利人的合理诉求。对原告确因客观原因不能自行收集的证据，及时依申请出具调查令，必要时可以依申请调查收集，以体现加大知识产权司法保护力度的裁判导向。

8.2.5 法定赔偿

适用法定赔偿时，法院应当综合考虑如下因素：

1. 商标的声誉；

2. 商标许可使用的种类、数额、时间、范围；

3. 原告可能遭受的损失，被告可能获得的利益；

4. 原告因侵权行为受到的商业信誉损失；

5. 侵权行为的性质、持续时间、范围、后果；

6. 被告的过错程度、有无侵权史；

7. 侵权行为或侵权商品是否可能危害人身安全、破坏环境资源或者损害公共利益，如侵权物品是否为抢险救灾、防疫物资等；

8. 制止侵权行为的合理开支；

9. 其他因素。

侵权行为造成原告重大损失或者被告获利巨大的，为充分弥补原告损失，有效阻遏侵权行为，法院可以根据原告的请求，以接近或者达到最高限额确定法定赔偿数额。

如果现有证据虽未能证明因侵权行为导致的原告损失或者被告获利的具体数额，但可以证明不低于某项数额，可以按该最低额确定赔偿额，即便该最低额已经超过法定赔偿的最高限额。

8.2.6　合理费用

法院除判决被告承担赔偿损失责任之外，还应当根据原告的请求，判令被告支付因制止侵权行为所支付的合理开支。

原告为制止侵权行为发生而支出的合理费用的项目及范围，一般包括：

1. 公证费；

2. 因调查取证或出庭而产生的交通、住宿、误工等费用；

3. 档案查询费、材料印制费；

4. 翻译费；

5. 律师代理费；

权利人的律师代理费支出，若无明显不合理因素的，应当支持。

6. 公告费；

7. 因申请保全提供担保发生的保险费；

8. 其他合理费用。

对合理费用，法院应当审查合理性、必要性和关联性。原告虽未能提交发票等证据证明其维权支出，但根据案件查明的事实，能够推定该项支出确已发生且系维权必要的，可以纳入合理费用范围。

需特别注意的是：

1. 在关联案件中，对于原告为制止侵权行为而共同支出的合理费用，已在其他案件中确定或考虑过的不再重复计算。

2. 由于合理费用与侵权所造成的损失虽有关联，但系两种不同性质的费用，而且合理费用一般都能够准确算出，因此一般情况下，在裁判文书的事实部分可以详细认定合理费用的具体项目及确定依据，并在主文中对合理费用部分与赔偿额分别进行裁判。

3. 对诉讼代理人工作的评价。代理费的确定可以根据案件的复杂程度、专业性程度、代理人付出的工作量、行业惯例、律师收费标准、代理费是否实际支付等因素综合确定。

（详见案例三十三：北京赤那思公司

诉江苏赤那思公司、南通赤那思公司侵害商标权及不正当竞争纠纷案[江苏省高级人民法院(2015)苏知民终字第00205号])

8.2.7　惩罚性赔偿

对故意侵害商标权,情节严重的,可以按照有关方法确定数额的一倍以上五倍以下确定赔偿数额。

1.故意的认定

实践中,可以综合考虑被侵害商标的知名度、商标权受保护记录、被告与原告或者利害关系人之间的关系、侵权行为和手段的具体情形等因素认定被告主观上是否存在故意。下列情形,可以认定被告存在故意:

(1)被告经原告或者利害关系人通知、警告后,仍继续实施侵权行为;

(2)被告或其法定代表人、管理人是原告或者利害关系人的法定代表人、管理人、实际控制人;

(3)被告与原告或者利害关系人之间存在劳动、劳务、合作、许可、经销、代理、代表等关系,且接触过或知晓被侵害的商标;

(4)被告与原告或者利害关系人之间有业务往来或者为达成合同等进行过磋商,且接触过或知晓被侵害的商标;

(5)被告以侵权为业,不断变换公司名称或新设立公司实施侵权行为;

(6)被告实施假冒注册商标行为;

(7)其他情形。

2.情节严重的认定

实践中,可以综合考虑侵害商标权行为的手段、性质、次数、持续时间、地域范围、规模、后果、侵权人在诉讼中的行为等因素认定侵权情节是否严重。"情节严重"一般包括:

(1)被告因侵害商标权经行政处罚、法院裁判承担责任后,再次实施相同或者类似侵权行为;

(2)被告以侵权为业;

(3)被告伪造、毁坏或者隐匿侵权证据;

(4)被告拒不履行保全裁定;

(5)被告侵权获利或者原告损失巨大;

(6)侵权行为可能危害国家安全、公共利益或者人身健康等;

(7)其他情形。

3.计算基数

法院应当以原告实际损失数额或者被告因侵权所获得的利益作为计算惩罚性赔偿数额的基数。原告的实际损失数额或者被告因侵权所获得的利益均难以计算的,可以参照许可使用费的倍数合理确定计算基数。

原告维权支出的合理开支,不应当计入计算基数。

4.倍数的确定

确定惩罚性赔偿数额的倍数应当综合考虑被告侵权的主观恶意程度、侵权行为的情节严重程度等因素。

因同一侵权行为已经被处以行政罚款或者刑事罚金且执行完毕，被告主张减免惩罚性赔偿责任的，法院不予支持，但在确定前款所称倍数时可以综合考虑。

（详见案例三十四：小米科技公司、小米通讯公司诉中山奔腾公司等侵害商标权及不正当竞争纠纷案［江苏省高级人民法院（2019）苏民终 1316 号］

8.2.8　适用举证妨碍及证据披露制度确定损害赔偿额

1. 对于原告有充分证据证明侵权事实存在，且侵权情节或侵权获利等方面的证据由被告掌握，原告确因客观原因难以取得，法院可以根据原告的申请责令被告在规定期限内提供，或者根据申请实施证据保全。被告明确拒绝提供、隐匿相关证据、提供虚假证据、提供证据不全面，或者毁灭证据、阻挠保全，或者销毁保全的证据，影响案件裁判的，法院可以综合案件现有证据，在判断原告提供的计算方式具有合理性的基础上，就赔偿额直接作出裁判，并可以根据情节轻重对被告予以罚款、拘留等。

（详见案例三十五：雅马哈株式会社诉浙江华田公司等侵害商标权纠纷案［最高人民法院（2006）民三终字第 1 号］）

2. 被告在审计报告、上市公司年报、招股说明书、财务账簿、会计凭证、销售合同、进出货单据、许可使用合同、设备系统存储的交易数据、公司网站、产品宣传册或其他媒体上公开的经营信息，以及第三方平台统计的商品流通数据，评估报告，市场监管、税务、金融部门的记录等，除明显不合常理或者被告提供证据推翻外，可以作为证据，用以证明当事人主张的侵权赔偿额。

（详见案例三十六：厦门东亚公司诉南京捷豹公司等侵害商标权及不正当竞争纠纷案［南京市中级人民法院（2014）宁知民终字第 41 号］）

8.2.9　原告可以主张诉讼期间持续侵权的损害赔偿数额

侵权行为在诉讼期间仍在持续，原告在一审法庭辩论终结前提出增加赔偿数额请求且提供相应证据的，可以根据查明的事实确定赔偿数额。

一审判决后侵权行为仍在持续，权利人上诉请求增加赔偿数额的，二审法院可以根据自愿原则予以调解。调解不成，且双方当事人同意由二审法院一并审理的，二审法院可以就增加的赔偿数额一并审理并判决。

8.3　商标使用状况对承担民事责任的影响

1. 商标未使用

请求保护的注册商标未实际投入商业使用的，确定民事责任时可将责令停止侵害作为主要方式。在确定赔偿额时可以酌情考虑未实际使用的事实，除为维权而支出的合理费用外，如果确无实际损失和其他损害，侵权人不承担赔偿责任。

2. 因三年未使用已被撤销的商标

商标受保护的原因不在标识形式本身，而在于它区分商品或服务来源以及所体现的商誉。如果注册商标未实际使用且被撤销,则该注册商标实际上并无知名度,也不能发挥市场识别作用,消费者不会将被控侵权标识与注册商标相联系并产生混淆或误认。由于该注册商标的权利并未在核定使用的商品或服务上体现出其商业价值,并没有可保护的实质性利益,因此对于此类已被撤销的注册商标,从撤销之日起无需再给予司法保护的必要。

(详见案例三十七:徐某诉名爵公司、南汽公司等侵害商标权纠纷案[江苏省高级人民法院(2012)苏知民终字第0183号])

3. 考虑注册人的主观状况

如果注册商标的注册人或受让人并无实际使用的意图,只是将注册商标作为索赔工具的,可以考虑不予赔偿。

8.4 附加适当区别标识

商标注册人申请商标注册前,他人已经在相同商品或服务,或者类似商品或服务上先于商标注册人使用与注册商标相同或者近似并有一定影响的商标的,商标权人无权禁止该使用人在原使用范围内继续使用该商标,但可以要求其附加适当区别标识。

8.5 个人与公司构成共同侵权的认定

公司实际控制人明知系侵害商标权的行为,仍通过其实际控制的公司实施该侵权行为,符合共同侵权行为构成要件的,依法判决其与公司承担连带责任。

(详见案例三十八:樱花卫厨公司诉苏州樱花公司、屠某等侵害商标权及不正当竞争纠纷案[江苏省高级人民法院(2015)苏知民终字第00179号])

8.6 销毁侵权材料、工具、专用设备及商品等

根据当事人的诉讼请求以及案件的具体情况、现实可能性等因素责令侵权人限期销毁侵权商品(包括库存品)以及制造侵权商品的材料、工具、专用设备等,或者在特殊情况下,责令禁止前述材料、工具、专用设备等进入商业渠道;必要时可以责令限期召回已进入流通领域的侵权商品等,由此产生的费用由行为人负担。

采取销毁措施应当以确有必要为前提,与侵权行为的严重程度相当,且不能造成不必要的损失。

因个案具体情况不判决销毁较为合理的,可以视情况增加赔偿数额。

8.7 不适用赔礼道歉的责任方式

在侵害商标权纠纷案件中,原告除要求赔偿损失外,一般还会要求被告公开赔礼道歉,但是赔礼道歉的民事责任仅适用于侵犯人身权的场合,而商标权是一种财产性质的权利,被控侵权行为严重损害商标权人商誉的,可以根据个案情况判决其在一定范围内消除影响。

8.8 商标撤销、无效等行政程序对商标权效力及侵权诉讼的影响

《中华人民共和国商标法》第四十七条规定,宣告无效的注册商标,该商标权视为自始即不存在。针对商标无效情形,实践中法院一般可以参照专利法司法解释的精神,裁定驳回起诉。

撤销商标的决定与商标无效宣告决定产生的效力不同。注册商标被撤销的,商标权的效力并非自始无效,而是自撤销公告之日起终止,对撤销公告前侵害商标权的行为仍有提起诉讼的请求权基础,仍可以要求停止侵害。因此,不能将撤销商标的法律效果混同于商标无效宣告而简单裁定驳回起诉。至于商标权人是否可以就撤销公告前的侵权事实主张损害赔偿,需要根据撤销商标的具体理由确定。如果注册商标系基于连续三年未使用而被撤销,原告无权获得赔偿。

(详见案例三十九:苗方清颜商贸公司诉陈某侵害商标权纠纷案[江苏省高级人民法院(2019)苏民申3375号])

第九部分 其 他

9.1 因恶意提起商标权诉讼中的反赔请求权

行为人明知其获得的商标权不具有实质上的正当性,却以其形式上享有的商标权为依据,以不正当竞争、妨碍对方正常经营等为目的,对他人提起商标权诉讼,给他人造成损害的,系恶意诉讼。

恶意诉讼本质上属于侵权行为的一种,恶意诉讼行为人承担的赔偿数额应当以受害人的损失为限。在受害人的损失难以确定的情况下,可以综合考虑受害人现实的经济损失以及预期利润的损失等相关因素,酌情确定赔偿数额。受害人主张恶意诉讼行为人赔偿其因此而造成的直接损失、交易机会丧失等间接损失,以及增加的合理的交通、食宿、误工、证人出庭、公证、代理等必要费用的,应当予以支持。

(详见案例四十:中讯公司诉比特公司因恶意提起知识产权诉讼损害责任纠纷案[江苏省高级人民法院(2017)苏民终1874号])

9.2 行为保全

商标注册人或者利害关系人有证据证明他人正在实施或者即将实施侵害其商标权的行为,如不及时制止将会使其合法权益受到难以弥补的损害的,可以依法在起诉前或诉讼过程中向法院申请采取责令停止有关行为的措施。

9.2.1 管辖

申请诉前行为保全,应当向被申请人住所地具有相应知识产权纠纷管辖权的法院或者对商标侵权纠纷具有管辖权的法院提出。

当事人约定仲裁的,应当向前款规定的法院申请行为保全。

9.2.2 审查行为保全申请

审查行为保全申请,应当综合考虑下列因素:

1. 申请人的请求是否具有事实基础和法律依据,包括请求保护的商标权效力是否稳定。审查判断申请人请求保护的商标权效力是否稳定，应当综合考量所涉权利是否处于宣告无效或者撤销程序中以及被宣告无效或者撤销的可能性；所涉权利是否存在权属争议等因素。

2. 不采取行为保全措施是否会使申请人的合法权益受到难以弥补的损害或者造成案件裁决难以执行等损害。难以弥补的损害一般指被申请人的行为侵害申请人商标权的可能性较大；被申请人的行为可能造成无法挽回的损害，如商誉损害；被申请人的行为将会导致侵权行为难以控制且显著增加申请人损害；被申请人的侵害行为将会导致申请人的相关市场份额明显减少等。

3. 不采取行为保全措施对申请人造成的损害是否超过采取行为保全措施对被申请人造成的损害。

4. 采取行为保全措施是否损害社会公共利益。

5. 申请人是否提供足够担保。

对于商标权利稳定，易于作出侵权可能性判断，或者生效民事、刑事、行政裁判已就相同知识产权客体、相同事实的行为作出侵权认定，符合行为保全条件的，应当根据当事人的申请及时作出行为保全裁定并采取保全措施。

9.2.3　紧急情况下应当立即裁定并采取行为保全措施

诉争商标即将被非法处分；申请人的商标权在展销会等时效性较强的场合正在或者即将受到侵害；被控侵权商品即将被出口等紧急情况下，不立即采取行为保全措施即足以损害申请人利益的，应当依照《中华人民共和国民事诉讼法》第一百条、第一百零一条的规定，立即裁定并采取保全措施。

9.2.4　审慎审查疑难复杂案件的行为保全申请

对于商标权稳定状态及侵权可能性等难以在短时间内作出判断的行为保全申请，应当通过组织听证、审查证据、咨询专家等方式审慎审查，尽快作出是否侵权的初步判断以及是否采取保全措施的决定。

9.2.5　担保

申请人提供的担保数额，应当相当于被申请人可能因执行行为保全措施所遭受的损失，包括责令停止侵权行为所涉产品的销售收益、保管费用等合理损失。

在执行行为保全措施过程中，被申请人可能因此遭受的损失超过申请人担保数额的，法院可以责令申请人追加相应的担保。申请人拒不追加的，可以裁定解除或者部分解除保全措施。

9.2.6　行为保全措施

法院裁定采取行为保全措施的，应当根据申请人的请求或者案件具体情况等因素合理确定保全措施的期限。

法院裁定采取行为保全措施或者裁定驳回申请的，应当向申请人、被申请人送达裁定书。向被申请人送达裁定书可能影响采取保全措施的，法院可以在采取保全措施后及时向被申请人送达裁定书，至迟不得超过五日。当事人不服行为保全裁定申请复议的，法院应当在收到复议申请后十日内审查并作出裁定。

裁定停止侵害知识产权行为的效力，一般应当维持至案件裁判生效时止。

9.2.7　一审判决或者中间判决不影响采取行为保全措施

一审判决或者中间判决认定侵权成立，被控侵权人提出上诉且仍持续实施被控侵权行为，权利人申请行为保全，符合行为保全条件的，在二审法院接到报送的案件之前，一审法院可以依法作出行为保全裁定，责令被控侵权人先行停止被控侵权行为。二审诉讼程序中，二审法院可以根据权利人的申请依法作出行为保全裁定。

一审判决或者中间判决认定侵权成立，被控侵权人未提出上诉，则一审责令停止侵权行为的判决（含中间判决）已经生效，此时无需再采取行为保全措施。

9.2.8　保全错误

申请有错误的，申请人应当赔偿被申请人因保全所遭受的损失。申请人撤回行为保全申请或者申请解除行为保全措施的，不因此免除其赔偿责任。

行为保全申请错误主要指：

1. 申请人在采取行为保全措施后三十日内不依法提起诉讼或者申请仲裁；

2. 行为保全措施因请求保护的商标权被宣告无效等原因自始不当；

3. 申请责令被申请人停止侵害商标权或者不正当竞争，但生效裁判认定不构成侵权或者不正当竞争；

4. 其他情形。

被申请人提起赔偿诉讼，申请人申请诉前行为保全后没有起诉或者当事人约定仲裁的，由采取保全措施的法院管辖；申请人已经起诉的，由受理起诉的法院管辖。

9.2.9　反向行为保全

在网络销售领域，经营者因投诉而被平台经营者删除或断开销售链接。如果被投诉人认为其从事的网络销售等行为侵权可能性较小、断开或删除销售链接将会使其遭受难以弥补的损失，在其提供足够担保等情形下，其可以向法院申请责令平台经营者限期采取恢复被删除的销售链接等措施。

法院经审查认为符合条件的，应当及时作出裁定，责令平台经营者限期恢复被删除的销售链接，相关措施被称为反向行为保全，反向行为保全为业内通俗称谓。目前，法院可以适用《中华人民共和国民事诉讼法》第一百条、第一百零一条关于行为保全之规定。

（详见案例四十一：丁某诉曳头公司、天猫公司等侵害外观设计专利权先予执行案[南京市中级人民法院（2019）苏01民初687号]）

9.2.10　解除行为保全

当事人申请解除行为保全措施，法院收到申请后经审查符合《最高人民法院关于适用〈中华人民共和国民事诉讼法〉的解释》第一百六十六条规定的情形的，应当在五日内裁定解除。

法院采取的行为保全措施，一般不因被申请人提供担保而解除，但是申请人同意的除外。

9.2.11 依法制裁妨害诉讼保全的行为

当事人或其利害关系人妨害诉讼保全，包括拒不履行或者协助履行保全裁定等情形的，应当根据情节轻重依法予以罚款、拘留；情节严重，涉嫌构成犯罪的，依法移送犯罪线索。

9.3 民事制裁

法院对于侵害商标权的行为可以作出罚款、收缴侵权商品、伪造的商标标识和主要用于生产侵权商品的材料、工具、设备等财物的民事制裁决定。

9.4 确认不侵权

商标权人向他人发出侵权警告函，他人可以作为原告针对商标权人发函指控其侵害商标权的行为向法院提起诉讼，请求确认其不侵害商标权。

9.4.1 受理条件

参照《最高人民法院关于审理侵犯专利权纠纷案件应用法律若干问题的解释》第十八条的规定，确认不侵权之诉的受理条件应当包括：

1. 被警告人或者利害关系人受到明确的侵权警告威胁；

2. 被警告人或者利害关系人书面催告商标权人向法院起诉，或要求其请求有关行政机关处理；

3. 商标权人未在合理期限内撤回警告或通过提起诉讼、行政处理等方式解决。自商标权人收到该书面催告之日起一个月内或者自书面催告发出之日起二个月内，商标权人未在合理期限内撤回警告或请求法院、行政机关处理，使得被警告人或者利害关系人的法律地位处于不稳定、不安全的危险状态；

4. 不提起确认不侵权诉讼将使得被警告人或者利害关系人的合法权益受到或可能受到损害。只有通过提起确认不侵权诉讼才能消除这种不稳定、不安全的状态。

作为一种新型诉讼，确认不侵权之诉应以必要为前提，对其受理应加以严格审查。

9.4.2 管辖

确认不侵权之诉由侵权行为地法院受理。确认不侵权之诉与侵权之诉可以并存。因同一侵权事实提起的两种诉讼，由最先受理的法院管辖，后受理的法院应将案件移送先受理法院合并审理。

江苏法院2020年度劳动人事争议十大典型案例

劳动关系是最为基础性的社会关系，和谐劳动关系是社会和谐的基础。2020年，受新冠肺炎疫情影响，劳动关系的稳定性受到一定冲击。江苏法院紧紧围绕稳就业、保民生目标，坚持服务保障疫情防控和经济社会发展大局，扎实开展劳动人事争议案件的审判工作，办理了一大批有典型意义的劳动人事争议案件。

在五一劳动节来临之际，省法院筛选出2020年度全省法院审理的劳动人事争议十大典型案例，并邀请有关专家予以点评，现予发布。该批案例彰显人民法院积极贯彻落实保护劳动者合法权益和促进用人单位健康发展的司法导向，引导劳动者树立法治观念和规则意识，积极维护自身合法权益，倡导用人单位在法治轨道内创新发展、规范经营，共渡难关、共谋发展，共同构建和谐稳定的劳动关系。

案例一：用人单位不得变相降低停产期间的生活费标准

【裁判要旨】

用人单位非因劳动者原因停工、停产、歇业，超过一个工资支付周期时，用人单位按照略高于当地最低工资标准的80%发放生活费，而由劳动者自己负担社会保险费和住房公积金，致使劳动者的实际所得少于最低工资标准80%的，用人单位应当补足生活费差额。

【简要案情】

张某于2004年11月入职某材料公司，从操作工晋升至生产部主管。张某工作至2018年12月底。2019年1月初，公司通知张某，2019年公司停产，暂时放假，等候通知。2019年2月初，公司向其发放1月份工资1094.85元。张某于当月中旬书面告知公司，1月工资应按其正常工作发放，要求公司在七日内补足差额。公司未予理会。张某于2019年2月底向公司发出通知，以公司未及时足额发放工资，未提供劳动条件等为由解除劳动合同。2019年3月初，公司向其发放2月工资1094.85元。公司在发放1月和2月工资时均已扣除张某个人缴纳的社会保险费和住房公积金。张某申请劳动仲裁，请求裁令公司补发2019年1月、2月的工资差额8633元。仲裁委终结审理后，张某诉至法院。法院认为，2019年1月公司虽然已经停产放假，但是属于第一个工资支付周期，应当视同张某提供正常劳动支付其工资。2019年2月的生活费，公司可以按照无锡市最低工资标准2020元的80%即1616元发放，但必须同时承担应当由张某个人缴纳的社会保险费和住房公积金。本案中，公司以81%的比例计算生活费再扣除社会保险费等个人缴纳部分后实际只发放1094.85元，虽然在形式上高于法律规定的80%，但是实际效果是张某取得的收入比按照80%计发的生活费还低，公司将社会保险费等的负担转移给了张某，不符合法律规定。故法院判决公司补足工资差额4837.65元。

【专家点评】

在社会主义初级阶段，劳动仍是人们谋生的主要手段。毫无疑问，取得工资是一般劳动者就业、建立劳动关系最根本和最直接的目的。工资与劳动者生存的高度关联决定了工资支付的法律保障性和强制性。《江苏省工资支付条例》（简称《条例》）第三十一条和第三十二条的规定，体现出在劳动关系存续期间，因不可归责于劳动者的原因导致劳动者不能提供劳动义务的，用人单位实际支付给劳动者的生活费或者救济费不得低于当地最低工资标准的80%，以满足劳动者基本生活需要的立法精神。本案中，用人单位按照略高于当地最低工资标准的80%发放生活费，以规避《条例》规定的应由其承担劳动者个人缴纳的社会保险费和住房公积金的义务，致使劳动者的实际所得少于最低工资标准80%。这样的做法与法律规定的工资法律保障精神背道而驰，也不是一个有担当、讲诚信的用人单位的应有之举。本判决准确理解法律规定的要举，揭开用人单位合法形式的面纱，指出其不合法的本质。通过判决，不仅维护了劳动者的合法权益，教育企业合规用工、善待员工，也弘扬了“诚信、友善”的社会主义核心价值观。

审理法院：无锡市滨湖区人民法院、无锡市中级人民法院

点评人：苏州大学王健法学院沈同仙教授

案例二：劳动者应严格遵守用人单位相关疫情防控规定

【裁判要旨】

劳动者在疫情防控期间擅自离岗并隐瞒行程，不遵守疫情防控相关规定，严重违反用人单位相关规章制度的，用人单位可据此解除劳动关系。

【简要案情】

某人力公司派遣郗某至某大学服务中心从事水工工作。2020年，某大学根据国家、省、市相关规定，制定、出台防疫文件及措施并予以公示。2020年5月6日，某大学查实郗某在开学前日离开南京，返回后未告知单位，未按照要求进行居家隔离；开学后往返于南京与无锡，未申请报备，事后也未告知单位，未进行隔离。故某大学以郗某严重违反学校卫生防疫措施，对校内其他师生员工的健康安全带来极大隐患，在学校里造成严重不良影响为由，将郗某退回某人力公司。人力公司经征求工会意见后解除与郗某的劳动合同。郗某不服，

申请劳动仲裁,请求裁令人力公司支付违法解除劳动合同的赔偿金。仲裁委未在法定期限内作出受理决定,郗某诉至法院。法院认为,郗某的行为不仅严重违反了某大学的规章制度,也是对他人生命健康权的不负责任。某大学将其退工,某人力公司据此解除劳动合同,具有事实和法律依据,解除程序合法,遂判决驳回郗某的诉讼请求。

【专家点评】

本案是一起因劳务派遣员工违反疫情防控规定而引发解除劳动关系的争议。根据《中华人民共和国劳动合同法》第六十五条第二款的规定,“被派遣劳动者有本法第三十九条和第四十条第一项、第二项规定情形的,用工单位可以将劳动者退回劳务派遣单位,劳务派遣单位依照本法有关规定,可以与劳动者解除劳动合同。”本案中劳动者的行为严重违反了用工单位的疫情防控规定,埋下疫情防控的重大隐患。用工单位可以按照《中华人民共和国劳动合同法》第三十九条规定的严重违反规章制度事由,对劳动者作退工处理。劳务派遣公司则基于劳动者在疫情防控特殊时期在用工单位的严重违章行为,与其解除劳动合同,于法有据,属于合法解除。此案的裁判,对疫情防控等紧急突发的公共卫生事件中的案件审理,有指引价值。同时,对劳动者严格遵守用人单位相关疫情防控规定也有重要的警示意义。

审理法院:南京市鼓楼区人民法院

点评人:南京大学法学院黄秀梅副教授

案例三:用人单位不能以劳动者注册为个体工商户而规避其用工主体责任

【裁判要旨】

用人单位以劳动者注册成为个体工商户为由主张双方并非劳动关系的,对双方的法律关系仍应以是否符合劳动关系本质特征作为判断标准,而不能仅依劳动提供方的名称或合同的名称作为审查依据。

【简要案情】

某公司系外卖配送服务商,负责吴江步行街站点的配送业务。蒙某在该站点从事外卖配送工作。2018 年 10 月 4 日,蒙某在送外卖过程中发生交通事故。根据工商登记,蒙某于 2018 年 10 月 10 日领取个体工商户营业执照,名称为昆山市某工作室。后蒙某申请劳动仲裁,请求确认其与某公司自 2018 年 3 月 1 日起存在事实劳动关系。仲裁委裁决后,某公司不服,诉至法院。法院认为,蒙某提供的证据能够证明某公司对其进行考勤、派单等管理,双方之间的关系符合劳动关系的特征。某公司提供昆山市某工作室签订的《项目转包协议》一份,主张蒙某已成立个体工商户,故不应认定双方之间存在劳动关系。但该协议上无蒙某的签字,无昆山市某工作室的盖章,公司亦未提供证据证明该《项目转包协议》已实际履行,且该个体工商户的成立时间为 2018 年 10 月 10 日,系在蒙某发生交通事故之后,不影响蒙某受伤时双方劳动关系的认定。故法院判决确认蒙某与某公司之间自 2018 年 3 月 1 日起存在劳动关系。

【专家点评】

极具灵活性的网络平台用工的兴起对传统劳动关系认定理论带来巨大挑战。本案中,公司无非是想说明骑手通过注册为个体工商户而无与公司建立劳动关系的合意。如果这一抗辩成立,则根本无之后检验从属性的必要。两审法院依法查明公司提供的《项目转包协议》并无骑手的签名或个体工商户的签章,无法认定骑手的真实意思表示,且公司未能证明该协议实际履行,遂依据劳动关系的本质特征,通过侧重斟酌公司对骑手的管理因素,如考勤、派单等,认定双方之间存在劳动关系,相得益彰地否定了公司的抗辩,精彩地呈现了传统理论仍能够应用于平台用工争议,对依法审慎处理新型用工争议具有指导意义。习近平总书记指出,我国平台经济发展正处在关键时期,要着眼长远、兼顾当前,补齐短板、强化弱项,营造创新环境,解决突出矛盾和问题,推动平台经济规范健康持续发展。在此过程中,人民法院依法裁判发挥着重大作用!

审理法院:苏州市吴江区人民法院、苏州市中级人民法院

点评人:上海交通大学凯原法学院朱军副教授

案例四:劳动者发生工伤事故未获赔偿而公司注销登记,清算组成员有过错应承担责任

【裁判要旨】

劳动者发生工伤事故未获赔偿,清算组在清算时应将公司解散清算事宜书面通知劳动者。清算组未履行通知义务,导致劳动者未及时申报债权而未获清偿,劳动者主张清算组成员对因此造成的损失承担赔偿责任的,人民法院应予支持。

【简要案情】

饶某2016年4月15日入职某服务公司,公司未为饶某缴纳社会保险。2016年9月14日,饶某在工作时受伤。2018年7月26日,苏州工业园区劳动和社会保障局判定饶某2016年9月14日所受伤害为工伤。2018年11月24日,某服务公司在《扬子晚报》刊登注销公告。2019年4月15日,苏州市劳动能力鉴定委员会鉴定饶某受伤伤残等级为八级。2019年5月7日,某服务公司因股东会决议解散而注销。工商档案材料显示企业注销登记申请书记载无债权债务,清算报告显示债权债务均为0,清算组成员为缪某、姚某。后饶某申请劳动仲裁,请求裁令缪某、姚某支付医药费、护理费等相应损失。仲裁委不予受理,饶某诉至法院。法院认为,因某服务公司未依法为饶某缴纳社会保险,故相应工伤保险待遇赔偿责任应由某服务公司承担。某服务公司清算组成员缪某为公司法定代表人,缪某、姚某均系公司股东,其在公司清算时已明知饶某在2016年9月14日工作中所受伤害构成工伤且相应工伤保险待遇未予给付,即某服务公司清算组明知公司对第三人负有债务,却未依法将公司解散清算事宜书面通知债权人,存在故意或重大过失。故法院判决清算组成员缪某、姚某对饶某的损失承担赔偿责任。

【专家点评】

用人单位作为劳动力使用者和劳动组织者，负有保护劳动者在劳动过程中身体健康和生命安全的法定义务。如果劳动者发生工伤，用人单位应依法承担工伤赔偿责任，即劳动者对用人单位形成工伤赔偿的“劳动债权”，在用人单位发生破产、注销或者解散等法人人格灭失时，该“劳动债权”与其他债权一样受我国公司法、企业破产法等相关法律的调整和保护。本案中劳动者发生工伤事故后，经过多次仲裁和诉讼，作为用人单位法人代表和股东的清算组成员明知工伤劳动者尚未获得理赔，该劳动债权尚未处置，却未依法将公司解散清算事宜书面通知债权人，存在故意或重大过失。依照《中华人民共和国公司法》第一百八十九条第三款规定，“清算组成员因故意或者重大过失给公司或者债权人造成损失的，应当承担赔偿责任”，故法院判决清算组成员对劳动者的损失承担赔偿责任有事实依据和法律依据。本案判决运用劳动法和公司法对劳动关系的协同调整，明断是非，裁定纠纷，维护了劳动者的合法权益和社会关系的和谐稳定。

审理法院：苏州工业园区人民法院、苏州市中级人民法院

点评人：苏州大学王健法学院沈同仙教授

案例五：劳动者故意不签订书面劳动合同，从而主张用人单位支付未签书面劳动合同二倍工资的，不予支持

【裁判要旨】

用人单位有证据证明劳动者对不签订书面劳动合同存在重大过错甚至故意，劳动者主张用人单位支付未签订书面劳动合同二倍工资的，人民法院不予支持。

【简要案情】

朱某于2019年5月12日入职某公司从事勤杂工、装卸工。双方未签订劳动合同。后双方发生争议，朱某申请劳动仲裁，请求裁令公司支付未签订书面劳动合同的二倍工资及拖欠的工资。仲裁委终结审理后，朱某诉至法院。法院认为，朱某从2016年12月开始，频繁在多家民营企业应聘工作，工作时间短则半年，长则一年多，离职后均以用人单位未与其签订书面劳动合同、加班工资等理由先后多次向仲裁机构和法院提起仲裁或诉讼，索赔金额远超其在用人单位的工资收入，故法院认为朱某对于不签订书面劳动合同存在获取相应经济利益的恶意，有违公平、平等、诚实信用的原则，遂判决驳回其关于二倍工资的诉请，支持其主张的拖欠工资的诉请。

【专家点评】

本案对正确理解与审慎适用《中华人民共和国劳动合同法》第八十二条第一款不订立书面劳动合同的二倍工资罚则规定具有重要意义。首先，排除适用契合立法宗旨。二倍工资的罚则旨在改善实践中书面劳动合同签订率长期偏低的现状，以切实发挥书面合同清晰反映劳资双方权利义务的证据功能，进而有利于纠纷解决。本案的书面形式瑕疵并未因证据功能缺失导致劳动者诉求受阻。针对未支付的劳动报酬，法院予以了支持。其次，排除适用符合诚信原则。诚信原则作为“帝王规则”的

一大原因在于它扮演着确保权利正当行使的守门人角色。本案中,朱某将“保护性规定”异化为“渔利性规定”,此等从自身不当行为谋利的企图严重违背诚实信用原则。故两审法院正确借助诚信原则限制滥权的功能,未机械适用《中华人民共和国劳动合同法》第八十二条判决用人单位支付二倍工资的结果值得褒扬。最后,值得一提的是,本案的极端例外不应被放大为劳动者常态,亦警醒用人单位不应抱有疏于签订书面劳动合同并无风险的侥幸心理。其实,用人单位通过积极签订劳动合同发挥证据功能对己亦有利,如果本案中公司事前签订了书面合同,则之后既无二倍工资罚之忧,也无工资额争议之扰。

审理法院:常州市武进区人民法院、常州市中级人民法院

点评人:上海交通大学凯原法学院朱军副教授

案例六:劳动者参加新型农村合作医疗,不免除用人单位缴纳职工基本医疗保险的法定义务

【裁判要旨】

用人单位未依法为劳动者缴纳职工基本医疗保险导致劳动者无法享受相关医疗保险待遇,劳动者主张用人单位赔偿相应医疗保险待遇损失的,人民法院应予支持。

【简要案情】

朱某、薛某、何某均系何某某(已故)亲属。何某某与某保安公司存在劳动关系,该公司未为何某某缴纳社会保险。何某某于2019年5月27日摔伤,因医治无效于同年9月4日去世。治疗期间,何某某共产生医疗费用420834元,其中符合医保报销范围的为288152.73元。朱某、薛某、何某已通过新型农村合作医疗(以下简称新农合)报销医疗费用27612.21元。2019年10月22日,朱某、薛某、何某申请劳动仲裁,请求裁令某保安公司支付医疗费420834元。仲裁裁决后,某保安公司不服,诉至法院。法院认为,何某某共产生医疗费用420834元,其中符合医保报销范围的为288152.73元。某保安公司未为何某某参加职工基本医疗保险,故该医保可报销的费用288152.73元为某保安公司应向何某某赔偿的医疗保险待遇损失。鉴于朱某、薛某、何某已经通过新农合报销了27612.21元,该部分应予扣除,故判决某保安公司支付医疗费260540.52元。

【专家点评】

本案反映的是我国社会保险法确立的城乡二元、三三制基本医疗保险制度体系内在关系问题。城镇职工基本医疗保险和新农合在参保对象、资金统筹、保障范围、主管机构等方面均有所不同,尤其在保障范围方面,职工基本医疗保险所保障的范围和标准远高于新农合。用人单位为劳动者参加社会保险,是其法定义务。本案中,用人单位未为劳动者参保职工基本医疗保险,导致劳动者无法享受职工基本医疗保险待遇。法院判决用人单位赔偿当事人基本医疗保险待遇相应损失,不仅符合社会保险法的立法目的,维护职工参加社会保险和享受社会保险待遇的合法权益,更可

以使职工共享发展成果,促进社会和谐稳定,实现社会法的社会安全目标。同时,该裁判有利于促进我国社会保险制度的城乡一体化进程,彰显制度的公平性,保证农村居民群体的基本医疗水平;还可以均衡企业负担,创造公平竞争的社会环境,建立统一的劳动力市场,促进劳动者的合理流动。

审理法院:南通市通州区人民法院、南通市中级人民法院

点评人:南京大学法学院黄秀梅副教授

案例七:劳动者在疫情防控期间以被迫辞职为由主张经济补偿,应审慎认定

【裁判要旨】

劳动者以用人单位在疫情防控期间存在未及时足额支付生活费为由解除劳动合同,请求用人单位支付经济补偿的,应当结合用人单位受疫情影响的实际情况,综合考虑其未及时足额支付生活费的主观恶意、违法程度以及当地政策等因素审慎认定。

【简要案情】

顾某系某制药公司员工。2019 年 6 月,公司受当地某重大事故的影响停产整顿,并通知员工放假。放假期间,公司向顾某发放生活费 1464 元/月。2020 年 2 月 11 日,公司在公告栏内张贴《关于缓发放假人员部分生活费的征求意见函》。2020 年 2 月 13 日,公司在公告栏内张贴《关于缓发放假人员部分生活费的通知》,载明因新冠肺炎疫情的影响,公司计划于 2020 年 2 月开始按 500 元/月发放生活费。2020 年 2 月 20 日,公司向顾某发放 1 月的生活费 500 元。2020 年 3 月公司向顾某发放 2 月的生活费 1464 元。2020 年 4 月 7 日,顾某通知公司,因公司未及时足额支付生活费而解除劳动关系。4 月 10 日公司回函,因受当地重大事故及新冠肺炎疫情双重影响,公司现金流极度紧张,缓发的 1 月生活费 964 元将在 2020 年 4 月补发到位。公司正在全力以赴进行复产整改,并通知顾某于 4 月 14 日前返回工作岗位。后公司补发了生活费差额 964 元。2020 年 4 月 17 日,顾某申请劳动仲裁,请求裁令公司支付经济补偿等。仲裁委未在法定期限内作出受理决定,顾某诉至法院。法院认为,某公司在受当地重大事故影响停业整顿期间,积极筹措资金发放工资及缴纳社会保险。后公司虽仅向顾某发放 1 月的生活费 500 元,但基于当时新冠肺炎疫情比较严重,且其及时补发了生活费差额,可见公司并无故意拖欠生活费的主观恶意。法院审理后驳回了顾某主张经济补偿的请求。

【专家点评】

该案涉劳动者单方行使辞职权诉求经济补偿,理由是用人单位未及时足额支付生活费。按照《中华人民共和国劳动合同法》第三十八条、第四十六条的规定,用人单位未及时足额支付劳动报酬的,劳动者可以解除劳动合同,用人单位应当向劳动者支付经济补偿。立法的本意在于保护被迫辞职的劳动者,但前提必须是用人单位

有过错，且该过错严重到足以导致理性的劳动者无法忍受的程度。本案中，用人单位受当地重大事故影响停业整顿，员工放长假，发放生活费，又遇新冠肺炎疫情，现金周转困难，通过在公告栏内张贴征求意见函和通知的形式，告知员工缓发生活费。在员工提出辞职申请后，及时纠正错误，补发了缓发的生活费差额。因此，从用人单位违约行为上判断，不存在根本违约或者致使合同目的不能实现的严重程度。在公司经营遭遇当地重大事故和新冠肺炎疫情暴发叠加影响下，法院审慎审查公司是否存有无故拖欠或者克扣生活费的主观恶意，在查明公司以实际行动自我纠正程序瑕疵后，裁判不予支持劳动者的经济补偿诉求，对此类案件审判有指导意义。

审理法院：盐城市大丰区人民法院

点评人：南京大学法学院黄秀梅副教授

案例八：劳动者主张医疗期须证明病情达到需要治疗休息的严重程度，并应遵守用人单位的请假制度

【裁判要旨】

劳动者在患病或者非因公负伤需要治疗时，应当根据病情状况履行请假手续。劳动者未履行请假手续，无正当理由拒绝上班，在用人单位催促及时返岗后亦不到岗说明情况，用人单位可以劳动者严重违反劳动纪律为由解除劳动合同。

【简要案情】

2014 年 12 月，曹某与某电机公司签订劳动合同。2018 年 9 月 11 日至 9 月 30 日，曹某分三次向公司申请病假及事假，公司同意曹某的休假申请。假期到期后曹某未到岗上班。同年 10 月 17 日，公司根据曹某劳动合同中约定的送达地址邮寄函件要求来司说明未上班的原因，该函件被退回。2019 年 1 月 4 日，公司通过《扬子晚报》向曹某发出通知要求其来司办理相应手续，并于 1 月 8 日通过微信发送给曹某。曹某仍未上班，亦未办理相应请假手续。2019 年 1 月 18 日，公司向曹某发出《关于与曹某解除劳动合同的证明》，载明曹某连续旷工属严重违纪，公司依据《中华人民共和国劳动合同法》第三十九条第二项与其解除劳动合同，并依法通知了工会。曹某申请劳动仲裁，请求裁令公司支付违法解除劳动合同赔偿金。仲裁委终结审理后，曹某诉至法院。审理中，曹某提供了某医院抑郁自评量表，该表载明参考诊断为有（轻度）抑郁症状，但未提供病假证明。法院认为，曹某病假到期后，在未能及时履行请假手续的情况下无正当理由未出勤上班，公司在多次催促通知无果后，以其旷工并严重违反公司规章制度为由解除劳动合同，具有事实依据。曹某主张其符合医疗期相关规定，但未能提供有效证据证明其确需停止工作治病休息，且曹某未按照规定履行请假手续，对其要求适用医疗期相关规定的主张不予支持。法院判决驳回曹某的诉讼请求。

【专家点评】

劳动法中所称“医疗期”，其基本含义为劳动者因患病或者非因公负伤依法享有的治疗休息且用人单位不得解除或者终止劳动合同的期限。显然，医疗期的规定体现的是保护劳动者合法权益的立法理念，但因医疗期中劳动者不能到岗上班，涉及用人单位对工作的统筹安排，因此劳动者享有医疗期需要具备一定的条件：首先，劳动者患病的病情状况或者非因工负伤的严重程度达到了需要治疗休息的客观要求，其判断标准一般以医疗机构出具的“病假单”为依据；其次，劳动者按照用人单位规章制度的要求履行请假手续。本案中，劳动者在用人单位批准的假期届满后，继续主张享受医疗期待遇，却未能提供病假证明，也不按照用人单位规章制度要求履行请假手续，在用人单位多次催促后仍然无正当理由拒绝到岗上班，用人单位以其旷工并严重违反用人单位规章制度为由解除劳动合同，具有事实依据和法律依据。本判决通过驳回劳动者享受医疗期待遇的请求，引导劳动者遵守用人单位依法制定的规章制度，维护用人单位正常的生产秩序和管理秩序；教育劳动者不得滥用权利，否则将承担相应的法律后果。

审理法院：南京市江宁区人民法院、南京市中级人民法院

点评人：苏州大学王健法学院沈同仙教授

案例九：劳动者依法享有带薪年休假

【裁判要旨】

因用人单位的原因未能安排劳动者休年假的，应当按照日工资收入的300%支付未休年休假工资报酬。用人单位已经支付劳动者正常工作期间的工资收入的，则应当另行支付按照日工资收入200%计算的未休年休假工资差额。劳动者依法享受的探亲假、婚丧假、产假等国家规定的假期不计入年休假假期。

【简要案情】

2017年9月1日，邢某入职某服务公司从事会计工作。2019年8月25日19时许，邢某申请14天调休假。次日6时许公司驳回其请假申请，但邢某一直未上班。2019年9月16日，公司发出解除劳动合同告知书，以邢某连续旷工三天以上、未完成工作任务、擅自删除客户数据等事由，解除劳动合同。后邢某申请劳动仲裁，请求裁令公司支付2018年、2019年未休年休假工资。仲裁委终结审理后，邢某诉至法院。诉讼中，公司主张邢某在2019年3月已休息16天，年休假已休完。经查，2019年3月8日，苏州市某医院出具病假证明书，因邢某早期人工流产建议休息一个月。法院认为，根据邢某的工作年限，其2018年法定年休假有5天，2019年的年休假根据邢某当年在职时间折算为3天。邢某在2019年3月系因流产休假，并非法定年休假，公司未提供证据证明邢某已休法定年休假，故法院判决公司支付邢某2018年及2019年未休年休假工资差额。

【专家点评】

带薪年休假是职工的基本权利。国务院《职工带薪年休假条例》第五条第三款规定，单位确因工作需要不能安排职工休

年休假的，经职工本人同意，可以不安排职工休年休假，须按照该职工日工资收入的300%支付年休假工资报酬。实践中，年休假制度的贯彻落实不尽如人意。本案判决从以下几个方面体现了司法公平公正的价值取向：其一，正确定性原告因流产的休假并非法定年休假。其二，认定用人单位对其主张原告已休法定年休假负有举证责任但举证失败。其三，细致核算未休法定年休假天数和平均工资以正确计算出未休年假工资报酬的差额。本案的重要意义在于针对女职工邢某主张在职期间未休年假工资的诉求，赋予了劳动者最后的"报酬补偿底线保护"，平衡了劳动者的休假权益和用人单位的长远发展；亦警示用人单位不可规避支付未休年假工资，尊重劳动者意愿让本就为数不多的年休假落到实处，既能节省企业的经济支出，也能调动职工工作的积极性。

审理法院：苏州工业园区人民法院

点评人：上海交通大学凯原法学院朱军副教授

案例十：劳动者应服从用人单位的合理工作安排

【裁判要旨】

用人单位因受新冠肺炎疫情影响而安排劳动者临时短期支援其他部门的，属于其合理行使用工管理权的范畴，而不属于劳动合同的变更。劳动者无正当理由拒绝安排，用人单位依照规章制度解除劳动合同后，劳动者主张违法解除劳动合同赔偿金的，人民法院不予支持。

【简要案情】

2018年5月，王某被某人力公司派遣至某汽车公司从事结算专员工作。2020年年初，因受新冠肺炎疫情影响，王某所在的自驾结算部工作量明显下降，但该公司自驾客服部业务量居高不下。鉴于上述情况，汽车公司于2020年2月21日向自驾结算组包括王某在内的所有员工发送邮件，要求该组员工临时短期支援自驾客服部工作，并分批次进行岗前培训，邮件同时明确"依然是结算岗位人员""并非是转岗"。王某通过邮件明确拒绝参加该培训。汽车公司在多次沟通、催促王某参加培训无果的情况下，依照公司规章制度提前结束王某派遣服务期，将其退回至人力公司。其后，人力公司根据劳动合同、规章制度以"王某在工作期间严重违反用工单位相关规章制度，被用工单位退回"为由，向王某发出解除劳动合同通知书，并通知了工会。王某申请劳动仲裁，请求裁令汽车公司和人力公司支付违法解除劳动合同的赔偿金。仲裁委终结审理后，王某诉至法院。法院认为，因受新冠肺炎疫情影响，汽车公司各部门间业务量发生较大变化，在此情形下该公司安排王某临时短期支援自驾客服部工作，并通知其参加相应的岗前培训，符合当时汽车公司的经营状况以及疫情防控的特殊形势，具有合理性。汽车公司已通过邮件等形式明确告知王某该临时支援并不是转岗，并且未对其工作时间等作出任何调整。王某拒绝参加培训，不具有正当理由。法院判决不予支持王某关于违法解除劳动合同赔偿金的主张。

【专家点评】

用人单位作为劳动的组织者和劳动力的使用者,在劳动关系中享有用工管理权,其中包含"指令权",指示劳动者按照要求履行劳动义务。由此,劳动者"受指示而劳动"通常成为劳动关系"从属性"的核心判定标准。在市场经济条件下,用人单位的"指示"内容一般体现在劳动合同的约定和用人单位规章制度的规定中,但劳动合同的继续性特征决定了劳动合同内容的不充分性,需要在实际履行中进行适当补充和调整,这就为用人单位在特殊情况下指派劳动者完成临时劳动任务具有合理性和正当性提供了法理基础。本案中,用人单位因受新冠肺炎疫情的影响,临时安排业务量不足岗位的劳动者支援业务量居高不下的部门,这既是用人单位作为市场经营主体正常工作所需,也是用工管理权的合理运用,劳动者理应配合和服从。劳动者在无正当理由的情况下,拒绝服从合理劳动指令,用人单位依照其制定的规章制度解除与劳动者的劳动合同,合理合法。本判决通过用人单位用工管理权的适当阐释,对劳动者的"服从义务"和"岗位调整"作了合理区界,维护了用人单位正常的工作秩序和管理秩序。

审理法院:镇江经济开发区人民法院、镇江市中级人民法院

点评人:苏州大学王健法学院沈同仙教授

供稿单位:省法院民事审判第四庭

孙根成诉南京新浩宁房地产开发有限公司商品房买卖合同纠纷案

(2021)参阅案例 11 号

【裁判摘要】

商品房预售合同中未标明房屋内各区域功能以及管道设置情况,房屋交付时合同双方就部分区域的管道设置产生争议,该部分设计虽无明确的国家标准、行业标准,但难以满足一般购房人对相应居住空间的通常要求,对房屋使用造成持续性不良影响的,应认定交付的合同标的物存在瑕疵;购房人据此要求房地产开发企业承担违约责任的,人民法院应予支持。

【相关法条】

《中华人民共和国合同法》第六十一条　合同生效后,当事人就质量、价款或者报酬、履行地点等内容没有约定或者约定不明确的,可以协议补充;不能达成补充协议的,按照合同有关条款或者交易习惯确定。

第六十二条　当事人就有关合同内容约定不明确,依照本法第六十一条的规定仍不能确定的,适用下列规定:

(一)质量要求不明确的,按照国家标准、行业标准履行;没有国家标准、行业标准的,按照通常标准或者符合合同目的的特定标准履行。

…………

第一百一十一条　质量不符合约定的,应当按照当事人的约定承担违约责任。对违约责任没有约定或者约定不明确,依照本法第六十一条的规定仍不能确定的,受损害方根据标的的性质以及损失的大小,可以合理选择要求对方承担修理、更换、重作、退货、减少价款或者报酬等违约责任。

第一百五十四条　当事人对标的物的质量要求没有约定或者约定不明确,依照本法第六十一条的规定仍不能确定的,适用本法第六十二条第一项的规定。

第一百五十五条　出卖人交付的标的物不符合质量要求的，买受人可以依照本法第一百一十一条的规定要求承担违约责任。

【点评】

城镇住宅建设量大面广，关系广大人民群众的切身利益，住宅设计应当符合适用、安全、卫生、经济等基本要求。商品房买卖合同未对住宅各区域的功能、质量标准进行约定，买卖双方就部分区域的交付标准产生争议，针对该区域的设计又没有非常明确的国家标准、行业标准的，可按照《中华人民共和国合同法》第六十一条、第六十二条（即现行的《中华人民共和国民法典》第五百一十条、第五百一十一条）规定，以一般人能够接受的、宜居的通常标准作为房屋的质量标准。本案中，房屋出售方向买房人交付的房屋违反了住宅区域功能和质量的通常标准，对房屋使用造成持久性不良影响的，应视为房屋出售方交付的标的物不符合质量要求，买房人可据此主张房屋出售方承担违约责任。值得一提的是，《住宅设计规范》（GB 50096－2011）虽未明确"书房"功能空间的设计要求，但在规范的"条文说明"部分指出"基本功能空间"不等同于"房间"。因此，如果将"书房"理解为兼具起居功能和卧室功能，从而直接适用卧室功能空间设计的国家标准，也可以得出房屋出售方瑕疵交付的结论。本案不仅为类似商品房买卖合同纠纷的处理提供了指引，亦有助于督促广大房地产开发企业诚信经营，维护广大住房消费者的合法权益。

原告：孙根成，男，38岁，住南京市秦淮区。

被告：南京新浩宁房地产开发有限公司，住所地在南京市玄武区顾家营路59号。

原告孙根成因与被告南京新浩宁房地产开发有限公司（以下简称新浩宁房产开发公司）商品房买卖合同纠纷一案，向南京市玄武区人民法院提起诉讼。

原告孙根成诉称：原告于2016年与被告新浩宁房产开发公司签订商品房买卖协议，约定原告购买被告开发的商品房一套，由被告向原告交付标准商品房。但被告向原告交付房屋之时，原告才发现，被告所交付的房屋内部设置有非正常的排污管道、设备，不仅与被告的宣传材料、双方签订的购房合同不符，且严重影响原告对房屋的正常使用。被告销售房屋时告知原告所售的房屋户型为"三室两厅"，故该房屋应当有三间卧室，除南面的两间外，另外在建设图纸中标注为“书房”的空间也应当是卧室或具备卧室的功能。根据《住宅设计规范》(GB 50096－2011)中有关“厨房和卫生间的排水立管应分别设置，排水管道不得穿越卧室”“排水立管不应设置在卧室内……”“卫生间不应直接布置在下层住户的卧室、起居室(厅)、厨房和餐厅的上层”的规定，被告在签订买卖合同时，隐瞒房屋真实情况，交付不符合合同约定的房屋，构成瑕疵交付，被告的违约行为给原告造成了损失，应予赔偿。此外，涉案房屋因存在管道问题也阻碍了原告因该房屋价格上涨而导致的利益贬损，原告在低于市场价40万元的情况下仍然无法将该房屋出售。据此，请求法院判令被告新浩宁房产开发公司赔偿原告损失20万元。

被告新浩宁房产开发公司辩称：(1)案涉房屋所在的A地块A－B栋依法已通过竣工验收，并取得商品房交付使用的许可文件，完全符合商品房交付使用的法定强制性标准，案涉房屋内部管道已经通过勘察、设计、施工、监理及主管部门核准并审查合格，完全符合房屋建筑的设计、施工和交付标准，并非房屋质量瑕疵或设计瑕疵；(2)原、被告签订的南京市商品房预售合同第七条、附件四及合同补充中均明确约定了，涉案配套基础设施的交付标准为具备使用条件和不存在质量问题，故涉案房屋也符合双方合同约定的标准，被告不存在任何违约行为；(3)房地产的开发建设(含设计规划施工)是专业性较强的系统工程且需要通过主管部门审查合格，而涉案管道经过的功能间经设计规划为书房中的储藏室并非卧室，根据相应规范涉案书房并不适用住宅设计规范中卫生间不应直接布置在下层住户卧室上层以及不应设置排水管道的规范设计要求，故此涉案房屋的设计并没有违反国家相关规定和行业规范，现该规划设计已通过主管部门审核，主管部门向被告颁发审查合格证书已经说明涉案书房的设计符合国家标准和行业标准。案涉管道经过的房间根据设计规划是储藏室，该管道经过房屋整体装修后，既不影响美观，更不影响原告对房屋的正常使用；(4)原告购买涉案房屋并无任何损失，相反其只有受益，涉案书房总面积为10.03平方米，其中储藏室的面积不足1平方米，而涉案管道存在于墙体的阴角处，位置在储藏室中并非在房屋中间，故因管道的存在而影响原告对房屋的使用面积可忽略不计，因涉案房屋系毛坯交付，管道经过装修处理既不会减少房屋使用面积，也不会影响原告对房屋功能间的合理利用，对原告的生活不会造成任何的实质影响。在法院审理的其他四起同户型案件中相关案件均就管道问题申请损失鉴定，而鉴定部门均无法做出损害鉴定结论，理由是无法给出专业意见认定房屋存在质量缺陷，无法取得鉴定对象的交易案例，根据上述鉴定结论，涉案房屋无法认定存在质量瑕疵，也无法认定原告存在损失。即使原告能证明其损失，根据补充协议第四条的规定，其损失仅限于直接损失，而涉案管道的存在并未给原告造成直接损失。另外，原告购买涉案房产时已经在最低的售价基础上再次享受了额外优惠，现涉案房屋所在楼盘升值空间较其他周边楼盘高，原告不但不存在损失还享受了双重收益。综上，原告向被告主张赔偿没有事实和法律依据，要求驳回原告的诉讼请求。

南京市玄武区人民法院一审审理查明：

2016 年 3 月 16 日，原孙根成与被告新浩宁房产开发公司签订的《南京市商品房预售合同》中约定：原告向被告购买其开发建设的南京市玄武区孝陵卫街道 X 小区 A 幢 B 单元 103 室（以下简称 A 幢 103 室）房屋，建筑面积 118.24 平方米，套内建筑面积 97.39 平方米，共有共用分摊建筑面积 20.85 平方米，总价款 2686514 元；房屋交付时间为 2017 年 10 月 30 日前。合同附件之一为 A 幢 103 室平面图，图示内容主要为 A 幢 103 室的室内结构，除阳台外，未标注各区域和部位的功能及给排水管道。附件 2 为 A 幢套型及分层平面位置图，未标注各区域功能和给排水管道。

被告在销售 A 幢房屋时实行一房一价，每套房屋单价均不相同，且每套房屋依据购房人的付款方式、贷款、签约等情况均有一定程度的优惠。被告销售涉案房屋时，对 A 幢 103 室户型的表述为“三室两厅一卫”。

X 小区住宅由被告新浩宁房产开发公司建设，2014 年 3 月经南京市规划局规划审核，颁发了建设工程规划许可证。2014 年 5 月，施工图设计文件经南京市建设工程施工图设计审查管理中心审查合格。2016 年 11 月，工程竣工后验收合格，并经南京市栖霞区房屋建筑竣工验收备案办公室备案。

结合 A 幢一层平面图、二层平面图、三至十一层平面图，以及一层给排水平面图、二层给排水平面图、三至十一层给排水平面图，A 幢 103 室户型、室内各空间功能及部分排水管的分布情况为：103 室自西向东分别为厨房、卫生间、书房，东端为一间储藏室。厨房门面向走道（南）开于厨房与走道隔墙的西端，走道与厨房隔墙紧邻厨房门处向北伸入厨房，在走道北侧形成一个长方形延伸空间，在厨房南面形成相应的凹陷，在走道延伸进厨房的空间内自房顶而下垂直设置有排污主管和支管各一根。书房与走道之间自西向东有半幅隔墙，隔墙东端向北拐入书房，形成 L 形墙体，L 形墙体的东北角有垂直排污支管和主管各一根，在书房的西南角还有一根排水立管。走道与厨房、卫生间、书房隔墙上方处房顶均有沉降，该区域之上分别为二楼东起第二和第三套房屋的卫生间。

南京市玄武区人民法院一审审理认为：

原、被告间的《南京市商品房预售合同》依法成立，原告虽主张被告宣传、销售时未告知原告房屋的真实状况，但未申请撤销该合同，故该合同合法有效。被告发布的预售商品房销售价目表内容明确、具体，与《南京市商品房预售合同》及附件共同构成原、被告间商品房预售合同的内容。

根据双方商品房预售合同的约定，被告销售的A幢103室是“三室两厅一卫”户型的房屋，但合同对各“室”功能和质量标准未做约定。根据《中华人民共和国合同法》的相关规定，当事人对标的物质量要求没有约定或约定不明确，且不能达成补充协议的，按照国家标准、行业标准履行，没有国家标准、行业标准的，按照通常标准履行。《住宅设计规范》(GB 50096－2011)系住宅设计的国家标准，该规范对卧室、起居室(厅)、厨房和卫生间等基本功能空间的设计要求作出了规定，但对书房等辅助功能空间的设计未作要求，目前也无行业标准对此进行规范。因此，法院认为应以一般人能够接受的通常标准作为本案中A幢103室书房的设计质量标准。

书房作为居住空间的一部分，应当满足安全、舒适、卫生、美观等基本生活起居要求，而本案A幢103室书房部分(北面小房间)面积位于上层住宅的卫生间下方，且有排污、水管各一根垂直立于书房内，影响了居住空间的正常利用和美观。因此，法院认为被告交付的A幢103室房屋不符合一般购房人对居住空间的通常要求，应构成违约。因双方未在合同中约定此项违约责任，被告也不能修理、重建，原告要求根据其受损程度减少并退还相应房款，应予以支持。

关于减少价款的金额，结合上层卫生间及排水、排污管道的存在和位置对A幢103室使用面积的影响，对空间利用的影响，对居住使用人心理舒适度的影响，参考该区域房屋的价格，酌定被告应减少商品房价款15万元。因被告已全额收取了房款，故应将减少部分的房款退还给原告。

综上，南京市玄武区人民法院根据《中华人民共和国合同法》第六十二条、第一百一十一条、第一百五十四条，《中华人民共和国民事诉讼法》第一百四十二条之规定，于2018年12月8日作出(2018)苏0102民初447号民事判决：

被告南京新浩宁房地产开发有限公司于本判决生效之日起十日内退还原告孙根成房屋价款15万元。

一审宣判后，新浩宁房产开发公司不服，向南京市中级人民法院提起上诉。二审审理中，新浩宁房产开发公司申请撤回上诉，南京市中级人民法院裁定予以准许。一审判决已经发生法律效力。

案例报送单位：南京市玄武区人民法院
一审合议庭成员：陈依、朱佩佩、徐莹莹
报送人：陈依
审稿人：卢燊绅

王余仁诉南京市江宁区人民政府房屋征收补偿案

（2021）参阅案例12号

【裁判摘要】

依法公平、合理补偿是房屋征收补偿的根本要求。《国有土地上房屋征收与补偿条例》规定，对被征收房屋价值的补偿，不得低于房屋征收决定公告之日被征收房屋类似房地产的市场价格。房屋征收补偿方案规定的签约期限届满后，征收机关应当及时作出征收补偿决定。征收机关非因正当事由迟延作出房屋征收货币补偿决定，以房屋征收决定公告之日作为评估时点，所确定的货币补偿价值明显低于被征收房屋现房地产市场价值的，违反公平、合理补偿原则。当事人主张征收机关应重新调整评估时点，以被征收房屋现房地产市场价值予以货币补偿的，人民法院应予支持。

【相关法条】

1.《国有土地上房屋征收与补偿条例》第二条　为了公共利益的需要，征收国有土地上单位、个人的房屋，应当对被征收房屋所有权人（以下称被征收人）给予公平补偿。

第十九条第一款　对被征收房屋价值的补偿，不得低于房屋征收决定公告之日被征收房屋类似房地产的市场价格。被征收房屋的价值，由具有相应资质的房地产价格评估机构按照房屋征收评估办法评估确定。

第二十六条第一款　房屋征收部门与被征收人在征收补偿方案确定的签约期限内达不成补偿协议，或者被征收房屋所有权人不明确的，由房屋征收部门报请作出房屋征收决定的市、县级人民政府依照本条例的规定，按照征收补偿方案作出补偿决定，并在房屋征收范围内予以公告。

2.《国有土地上房屋征收评估办法》第四条第一款　房地产价格评估机构

由被征收人在规定时间内协商选定；在规定时间内协商不成的，由房屋征收部门通过组织被征收人按照少数服从多数的原则投票决定，或者采取摇号、抽签等随机方式确定。具体办法由省、自治区、直辖市制定。

【点评】

国有土地上房屋征收、补偿程序中，准确确定评估时点是公平补偿的关键环节。对《国有土地上房屋征收与补偿条例》中有关“对被征收房屋价值的补偿，不得低于房屋征收决定公告之日被征收房屋类似房地产的市场价格”的规定，应当结合法律法规中的“公平补偿”原则进行理解。在征收补偿方案规定的签约期限届满后，征收机关非因正当事由未依法及时作出征收补偿决定，后房屋价格明显上涨，征收机关采取货币补偿仍以征收决定公告之日作为评估时点的，违反公平补偿原则，据此作出的征收补偿决定明显不当，人民法院不予支持。本案二审判决于2020年2月30日作出，评估机构后以2020年5月29日为评估时点对涉案房屋重新评估。评估时点的调整，切实保障了被征收人的合法权益，进一步规范了国有土地上房屋征收与补偿程序。本案确立的裁判规则被《江苏省高级人民法院关于国有土地上房屋征收与补偿行政案件若干问题审理指南》所吸收，有效解决了政府迟延作出征收补偿决定的评估时点确定问题，在妥善化解征收补偿争议的同时，更发挥了司法监督政府依法征收、公平补偿的重要作用。

原告：王余仁，男，82岁，住南京市江宁区。

被告：南京市江宁区人民政府，住所地在南京市江宁区上元大街369号。

原告王余仁因与被告南京市江宁区人民政府（以下简称江宁区政府）发生房屋征收补偿纠纷，向南京市中级人民法院（以下简称南京中院）提起诉讼。

原告王余仁诉称：（1）其是南京市江宁区东山街道泥塘社区湖西村××号房屋唯一产权人，应独自享有征收补偿权益。王某庆、王某友是城镇居民，无权继承农村房屋。（2）江宁区政府、房屋征收部门等单位工作人员未经王余仁授权，擅自处分王余仁的补偿款，侵犯其合法权益。（3）江宁区政府未履行及时作出征收补偿决定的法定义务，未对王余仁进行全额补偿。（4）2011年至2018年，房屋价格涨幅过大，江宁区政府给予货币补偿，不给予产权调换，侵犯王余仁合法利益。请求法院依法撤销江宁区政府于2018年1月10日作出的江宁府征补字〔2017〕第27号《南京市江宁区人民政府房屋征收补偿决定》(以下简称27号《房屋补偿决定》),判令江宁区政府重新作出征收补偿决定。

被告江宁区政府辩称:(1)江宁区政府于2011年8月25日作出宁府征字〔2011〕第4号《南京市江宁区人民政府房屋征收决定》(以下简称4号《房屋征收决定》)并依法公告,涉案房屋在征收范围内。(2)涉案房屋实测面积为52.06平方米。生效民事判决认定涉案房屋权利人为王某庆、王某友、王余仁,王余仁享有征收补偿利益40%的份额。(3)2016年1月27日,评估机构以4号《房屋征收决定》公告之日对涉案房屋进行评估,房屋补偿款456879元,附属物及装饰、装修补偿款28593元。根据涉案地块补偿安置方案,搬迁补偿费2603元,过渡费每月每平方米18元(不足1200元,补足1200元),相关补助费(移机)1188元,奖励50000元,维修基金3905元。(4)江宁区政府根据涉案房屋评估报告以及补偿安置方案,于2018年1月10日作出27号《房屋补偿决定》,给予王余仁货币补偿款共计235819.8元(总补偿款的40% + 货币拆迁特别奖12792.6元)。27号《房屋补偿决定》认定事实清楚,适用法律正确,行政程序合法。请求法院驳回王余仁的诉讼请求。

一审法院审理查明:

江宁区政府经履行法定程序后,于2011年8月25日作出4号《房屋征收决定》,决定对江宁区东山街道泥塘社区湖西村范围内的房屋实施征收。南京市东山新市区建设管理委员会(以下简称东山新市区管委会)为征收实施单位。涉案房屋在征收范围内。2011年8月26日,南京市江宁区住房和城乡建设局(以下简称江宁区住建局)发布《关于协商选定湖西村旧城改造项目评估机构的通知》,告知被征收人协商选定评估机构,并于2011年9月1日前将协商选定评估机构的结果报南京市江宁区房屋拆迁管理办公室,如协商不成,将以抽签方式确定评估机构。因被征收人未能协商选定评估机构,江宁区住建局于2011年9月2日发布《公告》,告知将于2011年9月9日组织抽签选定评估机构,并公告了抽签地点、候选的征收评估机构及参加人员、公证机关等事项。2011年9月9日,南京市江宁区房屋拆迁管理办公室组织抽签选定评估机构。同月24日,南京市江宁公证处出具(2011)宁江证经内字第217号《公证书》,对抽签确定的征收评估机构进行了公证,确定涉案项目的征收评估机构为江苏金宏业土地房地产评估咨询有限公司(以下简称金宏业评估公司),抽签流程等真实、有效。后评估机构对涉案房屋进行现场勘查。2011年11月22日,金宏业评估公司出具了《江宁区房屋征收补偿金额评估表》,评估涉案房屋的补偿金额为456879元，在该评估表上“产权人”一栏登记为王余仁。该评估表另在备注中写明“被征收人或者房屋征收部门对评估结果有异议的，应当自收到评估报告之日起10日内，向房地产价格评估机构申请复核评估”等内容。

一审另查明，案外人王某庆、王某友与王余仁系兄弟关系，因对涉案房屋征收补偿利益有争议，王某庆、王某友以王余仁、王某凤（系王余仁之女）为被告，向南京市江宁区人民法院提起民事诉讼，请求法院判决确认王某庆、王某友、王余仁对涉案房屋的拆迁补偿款各占三分之一份额。南京市江宁区人民法院经审理于2015年9月30日作出（2014）江宁民初字第3322号民事判决：确认涉案房屋的征收补偿利益王某庆享有30%份额，王某友享有30%份额，王余仁享有40%。王某凤不服该判决提起上诉。南京中院于2015年11月30日作出（2015）宁民终字第6746号民事判决：驳回上诉，维持原判。

又查明，2012年8月22日，在涉案房屋产权不明、房屋评估表“产权人”一栏登记为王余仁的情况下，江宁区住建局与王某庆、王某友签订拆迁补偿协议，并于当年11月5日将涉案房屋拆除。2015年12月，王余仁以江宁区政府为被告，以南京市江宁区房屋征收管理办公室（以下简称江宁区征收办）为第三人向南京中院提起行政诉讼，请求法院判决确认江宁区政府拆除涉案房屋违法，并责令江宁区政府、江宁区征收办作出征收补偿决定。南京中院于2015年12月28日受理该案，于2016年3月31日作出（2015）宁行初字第413号行政判决，驳回王余仁请求确认江宁区政府拆除涉案房屋违法的起诉；驳回王余仁的其他诉讼请求。王余仁不服，向江苏省高级人民法院提起上诉，江苏省高级人民法院于2017年4月28日作出（2016）苏行终532号行政判决：（一）撤销江苏省南京市中级人民法院（2015）宁行初字第413号行政判决；（二）责令江宁区政府于判决生效之日起六十日内依法作出征收补偿决定。

一审再查明，金宏业评估公司于2016年1月27日再次出具《江宁区房屋征收补偿金额评估表》，评估涉案房屋的补偿金额仍为456879元。同日，金宏业评估公司另出具：（1）《江宁区房屋征收假层及附属物补偿资金评估表》，补偿金额为2780元；（2）《江宁区房屋征收室内装饰装修补偿资金评估表》，补偿金额为25813元。王某庆、王某友已就涉案房屋的征收补偿问题选择货币补偿的方式，并与房屋征收部门及征收实施单位达成补偿协议。江宁区政府于2018年1月10日作出27号《房屋补偿决定》，并于2018年1月22日送达。王余仁不服，提起本案诉讼。

一审法院审理认为：

《国有土地上房屋征收与补偿条例》

(以下简称《征收与补偿条例》)第二十六条第二款规定,“补偿决定应当公平,包括本条例第二十五条第一款规定的有关补偿协议的事项”。第二十五条第一款规定,“房屋征收部门与被征收人依照本条例的规定,就补偿方式、补偿金额和支付期限、用于产权调换房屋的地点和面积、搬迁费、临时安置费或者周转用房、停产停业损失、搬迁期限、过渡方式和过渡期限等事项,订立补偿协议”。本案中,江宁区政府作出27号《房屋补偿决定》,决定依据征收补偿方案和金宏业评估公司出具的评估报告,结合南京中院生效民事判决确定的、王余仁基于涉案房屋被征收可获得的征收补偿利益,决定给予货币补偿,该征收补偿决定认定事实清楚,适用法律正确,符合法定程序,保障了王余仁的合法权益。

《征收与补偿条例》第十九条第一款、第二款规定,对被征收房屋价值的补偿,不得低于房屋征收决定公告之日被征收房屋类似房地产的市场价格。被征收房屋的价值,由具有相应资质的房地产价格评估机构按照房屋征收评估办法评估确定。对评估确定的被征收房屋价值有异议的,可以向房地产价格评估机构申请复核评估。对复核结果有异议的,可以向房地产价格评估专家委员会申请鉴定。本案中,金宏业评估公司作为经依法抽签确定、具有相应资质的房地产价格评估机构,对涉案房屋进行了评估,出具了评估报告。王余仁收到评估报告后未申请复核评估。在此情况下,江宁区政府依据评估机构出具的评估报告,作出27号《房屋补偿决定》,确定涉案房屋的补偿金额等并无不当。

王余仁主张其是涉案房屋唯一产权人,王某庆、王某友无权获得补偿利益。法院经审查认为,生效民事判决已经确定涉案房屋的征收补偿利益由王余仁、王某庆、王某友享有。王余仁的该主张缺乏依据,法院不予采纳。王余仁主张27号《房屋补偿决定》未给予产权调换房违法。法院经审查认为,根据《征收与补偿条例》的规定,被征收人可以选择货币补偿,也可以选择房屋产权调换。但被征收人的选择权并非不受任何限制。涉案房屋征收过程中,征收工作人员曾与王余仁协商补偿问题,王余仁当时未决定选择货币补偿还是产权调换,其后虽因案外人王某庆、王某友主张涉案房屋的权属及征收补偿利益导致协商未继续进行,但王余仁亦未表明其意见。且法院生效民事判决确认,涉案房屋的征收补偿利益由王余仁、王某庆、王某友共有。而对涉案房屋征收补偿利益享有60%份额的王某庆、王某友已选择货币补偿方式,并与房屋征收部门及征收实施单位达成补偿协议。江宁区政府在此情况下决定给予王余仁货币补偿,不违反《征收与补偿条例》的规定。据此,一审法院依照《中华人民共和国行政诉讼法》第六十九条的规定,于2018年8月17日作出判决：

驳回王余仁的诉讼请求。

王余仁不服一审判决，向江苏省高级人民法院提起上诉称：(1)其不认可江苏省南京市中级人民法院(2015)宁民终字第6746号民事判决书的效力，江宁区政府依据该民事判决作出27号《房屋补偿决定》违法。(2)原审判决认定事实不清，适用法律错误。请求二审法院撤销一审判决，撤销27号《房屋补偿决定》，责令江宁区政府重新作出征收补偿决定。

江宁区政府未向二审法院提交书面的答辩意见，其在听证程序中辩称，生效的民事判决仅认定王余仁对涉案房屋征收补偿利益享有40%的份额，王余仁主张其是涉案房屋的唯一产权人，并据此要求江宁区政府予以补偿无事实根据。请求二审法院驳回上诉，维持原判。

江苏省高级人民法院经二审，确认了一审查明的事实。

江苏省高级人民法院二审认为：

一、关于涉案房屋评估机构选定是否合法的问题

被上诉人江宁区政府提供的《关于协商选定湖西村旧城改造项目评估机构的通知》及张贴的照片、抽签确定房屋评估机构的《公告》及张贴的照片、《评估机构抽签选定确认书》、《公证书》等证据证明，江宁区政府已告知被征收人协商选定评估机构。由于被征收人在规定的时间内未能协商选定评估机构，江宁区政府通过抽签的方式确定涉案房屋评估机构并将结果予以公告，符合《国有土地上房屋征收评估办法》第四条第一款、《江苏省贯彻实施〈国有土地上房屋征收与补偿条例〉若干问题的规定》第十条第一款第五项的规定。

二、关于江宁区政府给予补偿的房屋面积是否正确的问题

在征收补偿决定中，房屋面积和性质的认定是否正确直接关系被征收人合法权益是否能够得到保障。涉案房屋面积为52.06平方米，房屋性质为住宅，双方当事人对上述事实均无异议。生效的(2015)宁民终字第6746号民事判决已经确认，上诉人王余仁对涉案房屋的征收补偿利益享有40%的份额，江宁区政府根据该民事判决对王余仁进行补偿正确。王余仁主张其享有52.06平方米房屋的全部征收补偿利益明显无事实根据。

三、关于涉案房屋评估结果能否作为作出27号《房屋补偿决定》依据的问题

《征收与补偿条例》第十九条第一款规定，对被征收房屋价值的补偿，不得低于房屋征收决定公告之日被征收房屋类似房地产的市场价格。评估时点确定的目的是便于评估被征收房屋的价值，切实保障被征收人的合法权益。市县级政府在房屋征收补偿过程中，如果未能与被征收人就房屋补偿安置问题签订补偿安置协议，应当及时作出征收补偿决定，妥善解决房屋补

偿纠纷。江苏省高级人民法院2017年4月28日作出(2016)苏行终532号行政判决,责令江宁区政府依法作出征收补偿决定。江宁区政府于2018年1月10日作出27号《房屋补偿决定》时,评估时点仍然是2011年8月25日。本案审理过程中,江宁区政府自认,4号《房屋征收决定》自2011年8月25日公告后,类似房地产的市场价格有较大幅度的上升。因此在采取货币补偿的情况下,明显不利于被征收人合法权益的保障。涉案房屋评估结果未能准确、客观体现涉案房屋的价值,未能保障王余仁的合法权益,不能作为27号《房屋补偿决定》作出的依据。江宁区政府依据涉案房屋评估结果作出27号《房屋补偿决定》明显不当,且违反了《征收与补偿条例》第二条确立的公平补偿的原则,依法应当予以撤销。一审法院对评估时点问题未进行审查,属认定事实不清,依法亦应当予以撤销。

综上,江宁区政府作出的27号《房屋补偿决定》,明显不当,且不符合《征收与补偿条例》第二条的规定。一审法院对评估时点问题未进行审查,属认定事实不清,依法亦应当予以撤销。江苏省高级人民法院依照《中华人民共和国行政诉讼法》第七十条第六项,第八十九条第一款第二项、第三款的规定,于2020年2月30日判决如下:

一、撤销江苏省南京市中级人民法院(2018)苏01行初61号行政判决;

二、撤销南京市江宁区人民政府于2018年1月10日作出的江宁府征补字〔2017〕第27号《南京市江宁区人民政府房屋征收补偿决定》;

三、责令南京市江宁区人民政府于判决生效之日起六十日内依法作出房屋征收补偿决定。

案例报送单位:省法院行政审判庭

二审合议庭成员:刘军、张世霞、杨述

报送人:刘军

审稿人:戴鲁霖

案外人杜小建就被执行人杜新建刑事裁判涉财产部分执行申请复议案

（2021）参阅案例13号

【裁判摘要】

在刑事涉财产部分执行案件中，对于案外人异议、复议案件，应参照案外人执行异议之诉的审查标准进行实质审查。对于登记在被执行人名下的机动车、船舶等特殊动产，案外人与被执行人在案涉特殊动产被采取执行措施之前已经签订合法有效的书面买卖合同，在执行法院采取查封等执行措施之前案外人已经实际占有并使用该特殊动产，且案外人已经实际支付全部合理价款或在指定时间内将剩余价款全部交付执行的，案外人以其购买案涉特殊动产为由提出异议请求排除执行的，人民法院应予支持。

【相关法条】

1.《中华人民共和国民法典》第二百二十五条　船舶、航空器和机动车等的物权的设立、变更、转让和消灭，未经登记，不得对抗善意第三人。

2.《中华人民共和国民事诉讼法》（2017年修正）第二百二十五条　当事人、利害关系人认为执行行为违反法律规定的，可以向负责执行的人民法院提出书面异议。当事人、利害关系人提出书面异议的，人民法院应当自收到书面异议之日起十五日内审查，理由成立的，裁定撤销或者改正；理由不成立的，裁定驳回。当事人、利害关系人对裁定不服的，可以自裁定送达之日起十日内向上一级人民法院申请复议。

第二百二十七条　执行过程中，案外人对执行标的提出书面异议的，人民法院应当自收到书面异议之日起十五日内审查，理由成立的，裁定中止对该标的的执行；理由不成立的，裁定驳回。案外人、当事人对裁定不服，认为原判决、裁定错误的，依照审判监督程序办理；与原判决、裁定无关的，可以自裁定送达之日起十五日内向人民法院提起诉讼。

3.《最高人民法院关于刑事裁判涉财产部分执行的若干规定》第十四条第一款　执行过程中，当事人、利害关系人认为执行行为违反法律规定，或者案外人对执行标的主张足以阻止执行的实体权利，向执行法院提出书面异议的，执行法院应当依照民事诉讼法第二百二十五条的规定处理。

4.《最高人民法院关于适用〈中华人民共和国民法典〉物权编的解释（一）》第六条　转让人转让船舶、航空器和机动车等所有权，受让人已经支付合理价款并取得占有，虽未经登记，但转让人的债权人主张其为民法典第二百二十五条所称的"善意第三人"的，不予支持，法律另有规定的除外。

【点评】

在普通民事判决的执行程序中，案外人对执行标的主张实体性权益的，《中华人民共和国民事诉讼法》第二百二十七条赋予了当事人通过案外人异议及执行异议之诉的程序进行救济。而在刑事裁判涉财产部分执行案件中，案外人对执行标的主张足以排除执行的实体权利提出书面异议的，因该实体权利纠纷不能同民事执行案件一样引入案外人执行异议之诉程序进行审查，故只能通过执行异议、复议程序进行审查；但此时不应仅进行形式审查，而应参照案外人执行异议之诉的审查标准进行实质审查。本案系案外人对机动车主张排除执行，因民法典规定了该类特殊动产的物权因交付发生物权变动的效力，未经登记不得对抗善意第三人，故案外人对车辆能否排除执行需审查案外人是否在查封之前签订合法有效的买卖合同、是否实际占有以及是否已经支付全部价款。现行法律、司法解释对上述两个法律问题均未直接作出规定，导致法院在审查中尺度把握不一。此类案件在执行裁判类案件的审查中频发，本案的处理有助于统一类似案件的审查标准及裁判尺度，对依法保障当事人的程序性及实体性权利具有积极意义。

异议人（案外人）：杜小建，男，44岁，住浙江省杭州市余杭区。

被执行人：杜新建，男，46岁，住浙江省德清县，现在南京浦口监狱服刑。

杜小建因杜新建犯走私普通货物、物品罪涉财产部分执行一案，向淮安市中级人民法院提出执行异议。

杜小建异议称：异议人于2018年7月9日购买案涉车牌号为浙E××××2的起亚牌轿车，有车辆交易合同为证，还有微信、支付宝付款凭证证实。由于异议人是杭州户口，杭州小汽车上牌需要摇号，其没有摇到号牌，湖州小汽车上牌又需要居住证，所以其与哥哥即被执行人杜新建签订了车辆挂名协议，用杜新建的湖州本地人身份证办理了湖州汽车号牌。案涉车辆自2018年7月9日起一直是异议人在使用。异议人于2018年为该车办理了汽车交强险和商业险，并缴纳了相关费用。自购买之日起的车辆违章一直由异议人去处理和缴纳罚款、驾驶证扣分学习，有相关交通违章罚款扣分缴纳单为证。案涉车辆的高速公路ETC及车辆的维修和保养均是异议人办理，有相关票据为证。车辆配件和用品也是异议人网上购买，有网上购物凭证。异议人仅有案涉车辆这一辆轿车，用于上下班和接送两个小孩上学之用，若法院执行该车辆，将对异议人工作及生活造成极大不便。综上，请求对牌号为浙E××××2起亚牌汽车中止执行。

淮安市中级人民法院审查查明：

杜新建等人犯走私普通货物、物品罪一案，该院于2020年7月16日作出(2020)苏08刑初5号刑事判决，以走私普通货物、物品罪判处被告人杜新建有期徒刑10年，并处罚金人民币1000万元；该案所涉应缴税款60389295.96元继续追缴，上缴国库(其中，被告人杜新建在其参与的32012143.16元范围内承担连带退赔责任)。该判决于2020年8月7日生效。

2020年9月7日，因杜新建未履行退赔税款及交纳罚金义务，淮安市中级人民法院立案执行，在执行中分别查封杜新建名下牌号为浙E××××2起亚牌及牌号为浙E××××3东风日产牌汽车。2020年9月10日，湖州市公安局交通警察支队车辆管理所协助该院办理了前述车辆的查封手续。

2020年12月7日，淮安市中级人民法院与被执行人杜新建妻子葛某谈话，葛某称："他(杜新建)名下的车是他弟弟的，他弟弟叫杜小建。他弟弟买的车在余杭上不了牌照就用杜新建德清户口上的牌照。"

2020年12月9日，淮安市中级人民法院向被执行人杜新建了解其名下两辆汽车有关情况时，杜新建称："一辆是人家挂在我名下的，已经转走。"杜新建在笔录上签字时作了以下说明："起亚车早在2018年已转让给我弟弟的(杜小建)，……家住塘栖。因当时杭州限牌，他们没有牌照，所以临时挂靠在我的名下(因为我户口是湖州市，没有限牌)。因为没有牌照，所以没有转出我的名下。"

另查明，2018年7月9日，葛某与杜小建签订《二手车交易合同》，约定葛某将其所有的车牌号为浙A××××Y起亚牌小型汽车转让给杜小建(不包括车牌号)，价格为79500元，车款分期于2020年5月底前付清。同日，杜小建(甲方)与杜新建(乙方)签订《车辆挂名协议书》，协议主要内容为：乙方愿意甲方借用自己的名义于2018年7月9日从葛某处购买起亚牌小型汽车一辆(车辆识别代码：略)。关于车辆所有权归属：(1)该辆轿车虽名义上归乙方所有，但是实际上系全部由甲方出资购买，并由甲方享有所有权，甲方对车辆享有全权占有、使用、受益及处分的权利，与乙方无关。(2)甲方保证按照道交法及相关法律法规使用和驾驶车辆，如因出交通事故或者其向保险公司理赔后承担责任，与乙方无关。(3)在甲方将该轿车过户至其名下条件许可时，乙方应无条件协助甲方办理。(4)涉及必须由乙方出面验证、签名等事项时，乙方应当给予配合。(5)乙方不得在任何情况下对该车辆侵占、破坏、出卖。

杜小建提供的材料显示：2018 年 7 月 28 日，杜小建支付案涉车辆保险费 3726 元。协议签订后至 2020 年 5 月 8 日，杜小建分期支付葛某车款 79500 元。另外，《杭州市公安局余杭区分局交通警察大队公安交通管理简易程序处罚决定书》显示，2018 年 10 月至 2020 年 3 月案涉车辆违章的被处罚人为杜小建。

淮安市中级人民法院认为：本案争议焦点为杜小建对牌号为浙 E××××2 起亚牌汽车是否享有足以排除强制执行的权益。

《最高人民法院关于刑事裁判涉财产部分执行的若干规定》第十四条第一款规定："执行过程中，当事人、利害关系人认为执行行为违反法律规定，或者案外人对执行标的主张足以阻止执行的实体权利，向执行法院提出书面异议的，执行法院应当依照民事诉讼法第二百二十五条的规定处理。"《最高人民法院关于人民法院办理执行异议和复议案件若干问题的规定》第二十四条规定："对案外人提出的排除执行异议，人民法院应当审查下列内容：(一)案外人是否系权利人；(二)该权利的合法性与真实性；(三)该权利能否排除执行。"第二十五条规定："对案外人的异议，人民法院应当按照下列标准判断其是否系权利人：……(二)已登记的机动车、船舶、航空器等特定动产，按照相关管理部门的登记判断；未登记的特定动产和其他动产，按照实际占有情况判断；……"

本案中，虽然异议人提交了其与被执行人杜新建签订的《车辆挂名协议书》及与葛某签订的《二手车交易合同》，但因案涉车辆法院查封时登记在被执行人杜新建名下，根据上述司法解释精神，应认定被执行人杜新建为案涉车辆的权利人。杜小建对案涉车辆不享有排除强制执行的权益，其异议请求不成立。据此，淮安市中级人民法院于 2021 年 1 月 15 日作出(2021)苏 08 执异 2 号执行裁定，驳回杜小建的异议请求。

杜小建不服，向江苏省高级人民法院申请复议称：车辆所有权归属应依据车辆买卖合同、收付款凭证等证据予以确认，不能简单以车辆行驶证上登记的名字判断车辆所有权。杜小建提交的证据足以证实其为案涉车辆所有权人，(2021)苏 08 执异 2 号执行裁定适用法律错误。请求撤销上述执行裁定，解除对案涉车辆的查封，中止对该车辆的执行。

江苏省高级人民法院归纳本案争议焦点为：(1)淮安市中级人民法院对本案的

法律适用审查标准是否正确;(2)杜小建对案涉车辆是否享有排除执行的合法权益。

江苏省高级人民法院审查认为:

一、关于在刑事涉财产部分执行案件中对案外人执行异议的审查标准问题。刑事裁判涉财产部分执行案件中,案外人对执行标的主张足以排除执行的实体权利,向执行法院提出书面异议,因该实体权利纠纷不能同民事执行案件一样引入案外人执行异议之诉程序审查,所以《最高人民法院关于刑事裁判涉财产部分执行的若干规定》第十四条规定执行法院应当依照《中华人民共和国民事诉讼法》第二百二十五条的规定处理。但在该执行异议、复议程序审查中,不应仅进行形式审查,而应参照案外人执行异议之诉的审查标准进行实质审查。因此,杜小建提出请求排除对案涉车辆执行的异议,淮安市中级人民法院(2021)苏08执异2号执行裁定依照《中华人民共和国民事诉讼法》第二百二十五条的规定,以形式审查的标准进行审查,系适用法律错误。

二、杜小建对案涉车辆享有排除执行的合法权益。《中华人民共和国民法典》第二百二十五条规定:"船舶、航空器和机动车等的物权的设立、变更、转让和消灭,未经登记,不得对抗善意第三人。"机动车作为特殊动产,其物权的变动应以登记作为对抗要件。在刑事裁判涉财产部分执行案件中,案外人以其购买登记在被执行人名下的机动车、船舶等特殊动产为由提出执行异议,请求排除执行,同时具备下列条件的,应予以支持:案外人与被执行人在案涉特殊动产被采取查封等执行措施之前已签订合法有效的书面买卖合同;案外人在执行法院采取查封等执行措施之前已经实际占有并使用该特殊动产;案外人已向被执行人支付了全部价款,或者在指定时间内将剩余价款全部交付执行。本案中,杜小建在淮安市中级人民法院查封案涉车辆之前已经与出卖人签订合法有效的买卖合同,已支付了全部购车款,并实际占有使用案涉车辆。因此,杜小建对案涉车辆享有排除执行的合法权益,淮安市中级人民法院对该车辆不得执行。

综上,淮安市中级人民法院(2021)苏08执异2号执行裁定适用法律错误,应予撤销。据此,依照《最高人民法院关于刑事裁判涉财产部分执行的若干规定》第十四条、《中华人民共和国民事诉讼法》第二百二十五条规定,江苏省高级人民法院于2021年10月13日作出(2021)苏执复71号执行裁定:

一、撤销江苏省淮安市中级人民法院(2021)苏08执异2号执行裁定;

二、不得执行牌号为浙E××××2起亚牌汽车。

案例报送单位:省法院执行裁判庭

复议案件合议庭成员:赵建华、施国伟、苏峰

报送人:赵建华、杜涛

审稿人:戴鲁霖

任免决定

江苏省人民代表大会常务委员会任免名单

（2021年5月27日江苏省第十三届人民代表大会常务委员会第二十三次会议通过）

任命马达、罗有才为省高级人民法院审判员；

任命李洁、李冠颖、刘玉凤为南京海事法院审判员；

免去郑文海、滕春芹、李义延的省高级人民法院审判员职务；

免去岳奇志、许欢欢的南京海事法院审判员职务。